Ⓢ新潮新書

武田 徹
*TAKEDA Toru*

# なぜアマゾンは1円で本が売れるのか

ネット時代のメディア戦争



700

新潮社

# はじめに

幾つもの不祥事やら事件を起こしつつも、開催が近づくにつれ徐々に期待も募る2020年の東京五輪ではない。1964年の最初の東京五輪。その開催を目標に戦後復興の仕上げとして東京の街が大改造中だった頃の話から始めたい。

急ピッチで建設される高層ビルが空にそびえ、首都高速道路の高架橋が川面を覆う光景を指して開高健は「空も水も詩もない」と書いた（『ずばり東京』光文社文庫）。しかし、空と水と詩をなくした元凶は、実は高層ビルや首都高ではなかったのかもしれない。

都心を流れる日本橋川の上を、蛇のようにのたうち曲がりくねって覆い被さる首都高速環状線の建設が、五輪開催に間に合わせるべく急ピッチで進められている脇で、日本経済新聞社の大手町新社屋も建設中であった。

64年3月にこの新社屋を完成させた日経新聞社は、次に「コンピュータで新聞を作る」挑戦を始めた。この電子製版の実現を目指した社内外の経緯を追ったのが杉山隆男の傑作ノンフィクション『メディアの興亡』（文藝春秋）だ。世界で初めてコンピュータのメモリー上でバーチャルな紙面を作り、そこから新聞が印刷されたのが1978年3月12日だった。

だが、今にして思えば、それは変化の第一フェイズに過ぎなかった。やがてコンピュータ上のバーチャルなデータは、紙に印刷することなく、相互にやりとりされるようになる。企業とユーザーの間で、或いはユーザー間でデジタルデータをやりとりし、コミュニケーションする「パソコン通信」と呼ばれたコンピュータ通信は、やがてアメリカで開発されたインターネットを通信のインフラとして使うようになっていった。

『メディアの興亡』はニュースというコンテンツを商品とする新聞メディア産業が、生き残りを懸けてデジタル時代に漕ぎ出そうとしていた動きを描いていた。電子化で先駆けた日経新聞と朝日新聞。後手に回り、経営難に陥ってゆく毎日新聞……。

しかしそんな『メディアの興亡』の最後のページが閉じられた後に、メディアの興亡を巡る戦いの第二章、あるいは本当の戦いが始まったのではなかったか。

それは電子ネットワークで覆われた社会におけるコンテンツとメディアの戦いだ。

まずコンテンツがあり、それを伝えるためにメディアがあった状況が逆転し、メディアが自らの進化のロジックの中にコンテンツを隷属させるようになってゆく。

日経新聞の圓城寺《えんじょうじ》次郎専務（当時）は通信ネットワークを介して、取材活動を通じて集約されたデータを提供する「データバンク構想」を早くから唱えていた。実際、コンテンツを大量に集積させた新聞社や放送局はインターネットの時代にも情報提供元として圧倒的な力を持っていた。

だが、やがて力関係にゆらぎが生じ始める。新聞社の記事にリンクを貼るウェブページを作り、表示する広告の収入で稼ぐビジネスモデルを採用したインターネット企業のポータルサイトへのアクセス数が増え始める。分厚い新聞の記事の全ては読めないが、ニュースを大づかみするには手軽でいいし、なによりタダなのだ。

加えてマスメディアの特権的地位がゆらいだことも大きい。ネット上で読むなら新聞社の記事も個人ブログのエントリーもツイッターの呟きもみな等価だ。興味に応じてそれらをつまみ食いしつつ横断的に読んでゆくスタイルは紙の新聞では不可能だった。

こうして新聞の読み方が変わり始めると、紙の新聞が売れなくなる。ネット広告で稼ごうにも自社のサイトは閑古鳥が鳴いており、ポータルサイトに安価で、あるいは無料で記事を提供してそこからアクセスのおこぼれを貰わなくては経営が立ちゆかなくなる新聞社が現れるようにもなる。

ポータルサイト側は自分から情報コンテンツを発信するわけではない。リンクを貼っているだけ、つまりそれはメディアである。しかし先に書いた「横断的な読み方」に適したまとめサイトとなっていることも手伝って、圧倒的なアクセス数を誇るようになる。ネット上で高い占有率を確保することで、コンテンツ提供者である新聞社のニュースの価格を遡って決めたり、ポータルサイトにふさわしいように内容を改変させてしまう力すら持ち始めた。

もちろんコンテンツの側はそれに抵抗しようとする。出版社のようにコンテンツ作りに特化した業種から新聞社や放送局のようにコンテンツを作り、送り届けるところまで一括して運営していた業種、そして印刷業のように伝達メディア生産を生業としていたがあくまでもコンテンツ産業と協力して発展してきた業種は、新しいメディア秩序の中でもなんとか生き残る道を模索する。そこにコンテンツ陣営とメディア陣営の戦いの火蓋が切って落とされる。

本書は2020年東京五輪へのカウントダウンが始まる中で繰り広げられる、こうしたコンテンツとメディアの攻防戦を取材した記録だ。

# なぜアマゾンは1円で本が売れるのか　ネット時代のメディア戦争

目次

## 第三部　ネットはコンテンツを殺すのか

# 第一部　デジタルは活字を殺すのか

# 第一章　コンテンツとメディアの興亡

## 生き残りを懸けた戦争

コンテンツとメディアについては、ここで定義を改めて確認しておきたい。

たとえば大きな競技大会などでは電話やコピー機などを置いたメディアセンターが設置される。これは放送局や新聞社の取材の便宜を図るためのスペースで、この場合、「メディア」とはマスコミ機関を指している。

しかし、メディアの語源のひとつは「霊媒」という意味の「メディウム」であり、「この世」と「あの世」を繋ぐものの名だった。繋ぎ、伝える媒体こそメディアと厳密に規定するなら、マスメディアについても、そこで流される情報部分と情報を流す回路部分を分けて考えたほうがよい。その際、前者は「コンテンツ」、後者を狭義の「メディア」、あるいは「プラットフォーム」などと呼ぶ。新聞社はニュースというコンテンツを新聞紙というメディアに載せて届ける仕事だ。

こうした「コンテンツ」と「メディア」の分類法を例えるには「溶質」と「溶媒」をイメージするとよい。塩水の味はそこに溶かされている（溶質の）塩に由来し、溶かしている溶媒の水の属性ではない。しかし塩の味はそれが水に溶けることで舌の味覚細胞に届く。塩つぶを直接舐める場合も唾液の水分が溶媒となって塩辛さを味覚センサーに伝えるメディアの役割を果たしている。

このようにコンテンツとメディアを二分しつつ、自分の生きてきた道を顧みる。すると、いやはやコンテンツ作りに明け暮れた人生だったなぁと感慨に耽ってしまう。浪人時代の同人誌作りに始まり、一貫して物書きとして生きてきたのだから。

そんな筆者はもしもコンテンツとメディアの間に戦争が始まるとしたら間違いなくコンテンツの側に立つだろう。しかし、それは勝ち目のない、無謀な戦いではないのか。コンテンツ（溶質）はメディアの中に溶け込んでゆくしかないのではないか――。そんな懸念を色濃く感じる。

たとえば筆者の最も偏愛する「書籍」の売り上げが下落中だ。よく引かれる出版科学研究所の統計だが、日本における紙の本の販売金額は１９９６年をピークに毎年減少し続け、２０１３年は書籍、雑誌の総計が１兆６８２３億円となった。96年比で37％減だという。

書籍と雑誌が売り上げのピークに達していた96年とはどんな年だったのか。内閣府消費動向調査によればパソコンの世帯普及率はこの年に初めて２割を超え、２００９年には87・２％に達した。パソコンの普及率はこの年が最高で以後減っているが、この年からはスマートフォンなど携帯端末が急速に増えているのでそれを合計すれば普及の勢いは鈍っていない。同じくインターネットの世帯利用率は総務省の通信利用動向調査によると96年にはたった３・３％しかなかったが、２０１０年に93・８％に至っている。

このように低落傾向を示した時期がパソコンやインターネットの普及時期と重なるので、「本」は「ＩＴ」や「インターネット」の前に屈しつつあるとしばしば言われる。確かに今や通勤中の電車の中でも紙の本を読む人を見掛けるのは稀で、多くの人がケータイやタブレット端末を操作している。

ただ、そんな風景を根拠にコンテンツとしての「本」がメディアとしての「インターネット」に敗れたと結論付けるわけにはゆかないはずだ。情報媒体としての「紙の本」

は少なくとも通勤電車内では同じ情報媒体としての「インターネット」に負けつつあるように見える。しかしそれは媒体同士、つまりメディア間の戦いだ。そこで多くの人が紙の書籍や雑誌ではなく、タブレットやケータイというメディアツールを利用してコンテンツにアクセスするようになっただけであれば、戦線は新旧のメディアの間で繰り広げられており、コンテンツとメディアの間にまでは及んでいないことになる。

さて真相はいずれなのか。

統計データにどのように反映するかは別としても、メディアの変化はコンテンツを変化させざるをえないことに間違いはないはずだ。原稿用紙に鉛筆で書いていた時と、ワードプロセッサーで書くようになってからで文体が変わったことを感じているのは筆者だけではないだろう。たとえばガラ（パゴス・）ケー（タイ）が一世を風靡していた頃、ケータイを用いて書き、読まれるケータイ小説が当時の若者の間で流行したことがあったが、その文章は小さいケータイ画面に合わせてボキボキと短く切り込まれ、改行や余白もやたら多く入れられていた。ケータイ小説は専門のインターネットサイトで公開されることが多かったが、そこではネットを通じて読者のコメントを受け入れる機能が用意されており、それを参考にしながら書かれることで小説の執筆方法も作家ひとりの孤独な作業から、読者を巻き込んだ共同製作にと変わっていった。これなどはメディアがコンテンツを変えてゆく典型的な事例だろう。

新しいメディアが新しいコンテンツを生み出すのであれば、その新生を喜ぶべきだろう。だがメディアの変化や進化が巡り巡ってコンテンツの生存を危うくし、その存在自体を揺るがすものになるのだとしたら、生き残りを懸けた戦争がコンテンツとメディアの間で勃発することは避けられない。

## 『メディアの興亡』の時代

この戦争の始まりを記録したのが、読売新聞記者だった杉山隆男氏が独立し、変貌を遂げつつある新聞界を描いた『メディアの興亡』だったことは「はじめに」で触れた。そこには新聞メディア界の変化と同時に新聞製作方法の変化が取り上げられている。

活字を職工が拾い上げて、輪転機にかける原版を作っていた昔ながらの印刷方法を、「全自動モノタイプ」の導入によって、機械化する先陣を切ったのは毎日新聞だった。このモノタイプ・システムは電信のネットワークで全国の支社に繋げられ、モノタイプ・リモコンと呼ばれるようになる。東京でタイプライターに似た鑽孔機《さんこうき》を用いてテープに各種の穴をパンチし、そのテープをテレックスと同じ要領で送る。地方の印刷所でそのテープを自動鋳植機《ちゅうしょくき》にかけるとテープの穴に見合った活字が自動的に文字盤の中から選び出されて、東京でパンチした通りに印刷ができる。この技術が、全国で同一の紙面をほぼ同時刻に提供する、その名に偽りのない「全国紙」の印刷を可能にした。

このモノタイプは昭和30年代には新聞業界の標準的技術となり、印刷のスピードアップを実現した。日本経済新聞も1960年の時点で紙面の30％を機械的に作るようになっていた。ただ日経の場合、株式や商品相場、海外市況など数字を横書きで並べることが多く、これはモノタイプでは対応ができず、依然として職工が活字を一本一本手拾いしなければならなかった。そこで日経は63年に連数字鋳植機を開発、相場表作りの時間を従来の3分の1以下に短縮することに成功する。

この連数字鋳植機の完成で紙面製作の機械化に大きく踏み出した日経新聞は、日本橋茅場町《かやばちょう》にあった社屋を大手町に移転させるのと同時に印刷配送工程の機械化にも本格的に取り組んだ。64年3月に完成した新社屋地下1階の印刷工場では輪転機を取り囲むように何本ものベルト・コンベヤーが設置され、自動鋳植機が組み上げた活字鉛板を輪転機まで運んでセットし、刷り上がった新聞を運び出している。発送部に運ばれた新聞の束は自動梱包機で包装され、販売店の地域別に自動的に仕分けされて待機しているトラックの荷台に投げ込まれてゆく。

機械化は出口側だけに留まらなかった。日経の新社屋では編集局にもベルト・コンベヤーが縦横に設置され、デスクで書き上げられた原稿がベルトに乗せられて整理部に運ばれる。空気の圧力を利用して原稿をボタンひとつで部屋の端から端まで運ぶエアシューターも設置された。

## IBMの参加

この新社屋では給与計算などに用いるパンチカードシステム（ＰＣＳ）計算機も導入された。その納入打ち合わせに日経本社を訪ねた日本ＩＢＭのセールス・リプレゼンタティブ伊藤正亮と日経新聞技術部長の堀畑正領の会話を杉山は『メディアの興亡』で再現している。

「まあ、お茶でものんでいきなさい」と勧めた堀畑は「ところで君はディーボルドって知ってるかな」と話を差し向ける。「知ってますよ。たしか、昨年ＡＮＰＡ《アンパ》（American Newspaper Publisher Association）総会で講演した経営コンサルタントでしょう」。伊藤が応える。ディーボルドのスピーチのタイトルは「編集者とオートメーション」。10年後の新聞工場の主役は人間ではなくコンピュータになると彼は予言していた。

「IBMの技術があれば、何とかできると思うんだが……。どう？　IBMにその気はないかね」。畳み掛ける堀畑を前に伊藤は「さあ、いきなり言われましても」と一旦言葉を濁すが、「では、勉強会からはじめますか」と応えた。IBMは原子爆弾を上回る開発費をかけたと謳われる新機種IBM360シリーズをその年に完成させていた。それまでの真空管とトランジスターに替わって集積回路（IC）が初めて用いられた360シリーズなら「もしかしたら」と伊藤は思い、堀畑の話を夢物語と一笑に付すことができなかったのだ。

伊藤は会社に帰ってIBMの技術スタッフに相談する。「実は、コンピュータで新聞をつくりたいのです。鉛の活字をいっさい使わずに、コンピュータの中に文字をためこんで新聞をつくってしまう。コンピュータにはテレビセットをつなぎ、テレビ画面をながめながら新聞紙面のレイアウトをする。印刷にまわす時はボタン一つの操作だけ。どうでしょう、こうしたプロジェクト、実現可能でしょうか」。

検討には1年半を要した。IBMの技術開発部門はコンピュータで新聞を作れる可能性があると返答してきた。その答えを伊藤から伝えられた堀畑は、技術部スタッフを集め、伊藤ら日本IBMのスタッフを講師に勉強会を開始する。

この「夢のコンピュータ新聞プロジェクト」勉強会の活動は、やがて専務（当時）の圓城寺次郎の知るところになる。圓城寺もコンピュータには興味を持っており、新聞製作への利用ができないかと考えていたのだ。新聞記者が取材した情報のうち記事になって紙面に出されるのはごく僅かでしかない。多くの情報が記者のノートや資料の束の中に眠って顧みられることなく捨てられてゆく、圓城寺はそれがもったいないと思っていた。コンピュータで新聞を作り、人手を省けば浮いた人間と時間を生かしてもう1紙を並行して出せるのではないか。あるいはコンピュータの中に蓄積されてゆくデータを外部に有料で提供する新しい情報銀行（データバンク）事業ができるかもしれない——。

そう考えていた圓城寺は勉強会を母体にCTS委員会を立ち上げさせる。当初、CTSとは鉛を溶かして活字を作るホットな印刷技術に対して、活字を使わない写真植字技術を指して用いられた「コールド・タイプ・システム」の略称であった。このCTSの導入に先んじたのは日本社会党の機関紙「社会新報」で、64年の時点で活字印刷を捨て、写植印刷に切り替えている。一般紙業界では朝日新聞北海道支社が67年には自動写植機を用い、活字を一切使わずに新聞1ページを作り始めた。

ただこの写植には欠点もあった。文字を35ミリ幅のフィルムに写して現像し、印刷用原版を作るので、訂正の場合はフィルムをそのまま作り直さないといけない。フィルムには1行15文字しか印字できず、1ページの紙面を作るのに何十枚ものフィルムを貼り合わせる必要がある。結果的に編集印刷に時間の余裕が比較的ある業界紙や機関紙、新聞では発行部数20万部に満たない地方版くらいでしか利用できなかった。

これに対して日経の場合、写植原版をコンピュータから出力させることを考えていた。そうすればデータ上で訂正できるので時間的にも、コスト的にも大幅な節約になる。こうして写植にコンピュータを組み合わせた電算写植＝コンピュータライズド・タイプセッティング・システムを意味して日経ではＣＴＳの語を使い始める。このＣＴＳ委員会はやがてアネックス（ANNECS＝Automated NIKKEI Newspaper Editing & Composing System）プロジェクトチームと改称される。

しかし専務肝いりのプロジェクトだとはいえ、実現可能性が見えているわけではなく、役員会の正式承認も取り付けていなかった。この「非嫡子プロジェクト」が試行錯誤を重ねながら結果を出してゆく過程を『メディアの興亡』は描く。そしてついに78年3月

11日が日経新聞が活字で印刷される最後の日となった。

予備校生の筆者はそんな変革がおきているとは知らず、日経新聞が活字を捨てたこともつゆ知らず、街の小さな印刷所に活字を拾わせて同人誌を作っていたことは既に記した。勉学に集中しない不良浪人生のことを受験の神様はお見通しで、第一志望に進むことは許されず、筆者は合格していた大学の中で唯一入学金を振り込んでいたＩＣＵ（国際基督教大学）と、まだ受験可能だった国立二期校の二択でどちらを選ぶか迷っていた。

結局、ＩＣＵを選んだ背景にもコンテンツの引力が働いている。2月初旬に入学試験があったＩＣＵは森の中の修道院のような雰囲気で読書に相応しい静寂に充ちているように思った。しかし新学期が始まると校舎前の芝生で学生がフリスビーをして遊んでいるアメリカンな校風で戸惑う。修道院のように感じたのは入試のためにキャンパスが立ち入り禁止になっていたせいだった。

誤算はもうひとつあった。4月に一緒に大学生活を始めるはずだった高校の1年下のガールフレンドが入れ替わるように浪人してしまった。生活場所が離れてなんとなく疎遠になっていった彼女から数ヶ月後に届いた最後の手紙には唐木順三《からきじゅんぞう》『詩と死』（文藝春秋）が同封されていた。

それは69年に初版が出ている評論集だったが、手元に残っている現物を見ると77年に刊行された第7版だった。だが、その内容は難解で共有は不可能だった。つまりそれは何かを伝えるメディアとして選ばれていない。理解を共有できないにしろ、何ごとかのコンテンツ内容を秘めているはずの本が贈られることに意味があったのだ。この当時、メディアよりもコンテンツ優先だったのは筆者だけではなかった。

## 日本語をコンピュータで処理する

『メディアの興亡』で描かれていた日本語のコンピュータ処理技術の波が自分のところまで寄せて来たのは大学院の修士課程を終える84年頃だった。一緒に修士論文を提出した同期生の中にワープロを使った男がいた。家が裕福で、マイコン時代からプログラミングを趣味にしていた彼はいち早く富士通のパソコンFM―11を買い込み、ワープロソフトを走らせていた。修士論文はタイプライティングか黒インクの万年筆の手書き。そんな古色蒼然とした規定があったので彼のワープロ修論を受け付けるべきか教授会の議題になったという。ただ教授たちの心証を悪くしたのはワープロという道具《メディア》よりも論文の出来そのもので、彼の場合、五十音入力でワープロソフトを使っており、句読点を打つ時にシフトキーを押し忘れると「ね」になってしまう。ハイデガーを論じる抽象的な内容の修論だったのだが、ところどころに「頽落とはね」「現存在はね」と「ねぇねぇ言葉」が挿入されていて教授会は動揺したのだ。

とはいえそれは使い手の校正能力の低さのせいで、ワープロの罪ではない。身近で見た日本語文章作成装置はとても魅力的に感じた。筆者は修論を書いていた前後から生活費を翻訳で稼ぐようになり、やがて日本語の原稿も雑誌などに書くようになっていたので、細々と切り分けられた仕事をこなすうえで便利そうに思い、NECの文豪5Nというモデルを定価39万8000円のところを確か約34万円で秋葉原の電器店で購入。貧乏大学院生にしては清水の舞台から飛び降りるような買い物だったが、それでも当時としては画期的に安価なワープロだった。

85年からは大学院に籍を残したまま嘱託編集者として雇ってくれた雑誌編集部へ週数日通うようになる。編集部はMy OASYSとOASYS100の体制で、編集作業や書かせてもらっていた時評とかルポのような記事を修正するためにも富士通製ワープロが自宅用に必要になり、OASYSライトKを買っている。ハンドルが付いたモデルだったが、プリンタ一体式で重く、とてもじゃないが持ち歩く気にはならなかった。サイズも大きかったが、それでいて液晶画面は20字幅でたった2行分しか表示しない。

　見渡しが利かない狭い画面上ではケータイ小説以上に短く切り刻まれた文章以外は書きにくい。なんとかならないかと思っていた時にNECから86年10月にPC-98LTが発売される。CPU8MHz。RAM384KBというマイコンに毛の生えたようなスペックなのに24万円ぐらいして、それでいてデスクトップのPC9800シリーズと完全な互換性を持たない奇妙なモデルで、世間では失敗作と言われていたが、物書きマインドを大いに刺激された。なにしろ重量3・8kgと（当時としては）超軽量である。そして暗い場所では見えない反射式モノクロ液晶だったが、640×400ドットの画面はワープロだったら20行ぐらい表示出来たし、電池も長持ちした。これこそ打ち合わせや取材に駆けまわるライターの必需品と思って発売直後に購入した。このLTは日本国内だけでなく、フランスまで取材に持っていった。

　やがて他の出版社でも原稿を書かせて貰うようになったが、当時、書き上げた原稿を届けるのは持参が基本で、編集者が誤字や生硬な表現などをその場で消しゴムと鉛筆を使って書き直し、簡単なチェックを済ませる。だが、ワープロで打ち出した原稿は消しゴムで消せず、原稿を待ち構えて耳に鉛筆を挟んで応接スペースに現れた編集者を苦笑させたこともあった。肉筆原稿の流出を防ぐために生原稿を書き手に返却する習慣もあり、ワープロのプリントアウトを丁寧に包装して送り返してくれた出版社もあった。まだまだワープロ派は少数だったのだ。

## パソコン通信の登場

次に押し寄せたビッグウェイブはパソコン通信の登場だった。マニア連中が自分たちで草の根パソコン通信を開設していたし、Ｎｉｆｔｙ-Ｓｅｒｖｅ、ＰＣ-ＶＡＮといった商用サービスも始まっていた。90年に取材をきっかけに自分でもとニフティに入会した。ＬＴでパソコン開眼した後には、自宅用もエプソンのＰＣ２８６Ｕというキューハチ互換機（当時、シェアの多かったＮＥＣ製ＰＣ９８００と同じソフトや周辺部品が使える）に替えていたが、そのシリアルポートにモデムを外付けし、ＦＡＸ専用に引いていた電話線を流用して接続していた。

やがてどうしても利用してみたいものが現れる。日経新聞が提供していた日経ニュース・テレコンというデータベースサービスだ。『メディアの興亡』で専務・圓城寺が描いていた、新聞社が情報銀行（データバンク）へと脱皮してゆく夢は少しずつ実現していた。日経はNEEDS（Nikkei Economic Electronic Data Service）というデータベースに情報をデジタル化して蓄積し始め、財務、株価情報を磁気テープとして販売するNEEDS-MTサービスを71年に開始、更に自社のコンピュータと電話回線でつないでNEEDSのタイムシェアリングサービスを受けるNEEDS-TSへと発展させる。

しかしこの時期のデータバンクはまだまだ手作業での対応部分が多かった。当時のデータバンク局の内情を知る神尾達夫の署名記事が『情報狂時代』（ジャストシステム）に掲載されている。「初期の頃はとてもデータベースづくりというカッコいい言葉で呼べるようなものではなかった。コンピュータを使わず手製のデータシートをつくるのが作業の中心だった。A4サイズの用紙に新聞記事の見出しや要約、それにキーワード（複数）を書き込み、キーワードの数だけ複写してそれぞれのキーワード別にファイリングするという単純、素朴なシステムである。職場にはデータシートを収める大型キャビネットがずらっと並び、夕方になると十数人の社員が総がかりで、コピーをとり、キャビネットに収録していた」。

コンピュータによる紙面製作システムのアネックスがデータベース作成と連動するのは81年。84年からようやくキーワードの自動抽出ができるようになり、85年にパソコン向けオンラインサービスの日経ニュース・テレコンがスタートしている。

日経ニュース・テレコンは日経の最新経済情報をリアルタイムで欲しがる証券会社相手ではなく、より一般に向けて開かれた記事提供サービスとして始められている。それでも月基本料金の1万5000円に加えて接続1分ごとに40円の従量制課金と高額で、法人需要を主に想定していた。大手出版社の中には契約を結ぶところもあり、その会社の仕事をするときには使わせてもらったが、やはり自分で調べたいタイミングで使いたかったし、具体的に記事を書く前の企画を練るときにも使いたかった。75年以降に限られたが全国紙、地方紙など20紙の新聞記事検索ができるのはフリーランスで仕事をしてゆくうえで、このうえない武器になると考えていたのだ。そして日経が会員数拡大を目指して企業利用が少なくなる夜間や休日のみ使用できる「ホーム会員」を追加した時、自宅で契約した。

ホーム会員は基本料金が半額以下になるので助かったが、問題は従量制課金の方だ。当時の日経テレコンは日経本社から提供される専用ソフトを介しての接続だったが、情報のダウンロードが許されていない。記録を残したければ印刷するしかないのだ。となると印刷速度が使用料金に直接反映する。そこで高速印刷可能な、用紙送りのために端に穴が開いている業務用連続帳を使うプリンタを自宅に導入した。ガーガーと印刷音がうるさかったが、背に腹は代えられなかった。

パソコン通信は徐々に充実し、出先でパソコン通信できる端末も欲しくなる。そこで98LTをOASYSポケットという携帯用ワープロに替える。OASYSポケットは小さく軽く、更に単三アルカリ乾電池2本で10時間駆動するスグレモノで、オプションでモデムカードが使えたのだ。そこで出先でも原稿入稿やメールチェックのために公衆電話の受話器につける音響カプラーをモデムカードと組み合わせたり、モジュラージャック付きの灰色の公衆電話機〝グレ電〟が登場してからは、直接コードでジャックインして通信した。OASYSポケットは落下させたり、踏んづけたりして壊すたびに買い替えて3台使い続けている。海外出張にも持参した。国ごとに仕様が異なるモジュラージャックをいかに使いこなすかはパソコン通信の電子会議室に豊富な情報があった。必要とあればホテルの電話用コンセントを分解して、配線をワニロクリップでつまみ上げてでも通信した。

そうこうしているうちに、90年代に入ると米国には「インターネット」なる新しいコンピュータ通信があるという噂が耳に入るようになる。これこそパソコン通信の未来だとか謳われるようになるとどうも落ち着かない。この時期になるとデスクトップ機がPC9821とMacのLC520に替わっていたが、パソコン雑誌の付録CD-ROMについていた接続ソフトをインストールして、苦労してインターネット接続を試みてみた。ウェブはホワイトハウスのホームページぐらいしかなかったと言っても過言ではなく、仕事に役立つには程遠い感じだったが、ここでも先行投資は必要だろうと、携帯機も94年にはネット接続を考えてThinkPad230Csとカードモデムを買う。いわゆるサブノート機で筐体が小さかったし、充電池が切れてしまった時の緊急用に単三乾電池6本でも約30分間は駆動するのが魅力的だった。30分だけとはいえ、強く集中すれば原稿を仕上げてメールで送ることが可能で、締め切り直前に何度も救われた。

## コンテンツの断片化

95年には阪神・淡路大震災があり、オウム真理教による地下鉄サリン事件が起こり、Windows95の発売が開始された。インターネット接続はとんでもなく簡単になり、本格的な普及が始まる。パソコン通信ベースだった日経テレコンがウェブ版のテレコン21に変わったことが象徴的で、インターネット上を流れる情報はどんどん増えてゆく。

それに追いつこうと筆者も自宅の通信環境をADSLへとバージョンアップさせていったし、出先でも接続を確保しつつ仕事ができるように携帯用PCも次々に買い替えた。VAIOの軽やかさに惹かれ、しかし仕事の仕上げにかかったタイミングで壊れて原稿を台無しにする苦い経験を経て、ThinkPadの丈夫さを求めたが、IBMのPC部門のLenovo買収でサポートに対して不安を覚えると今度はLet's noteに宗旨替えしている。一方で軽さへの憧れも打ち消し難く、タブレットが出てくれば片っ端から仕事に使えないかとチェックしてきた。

こうして服を着替えるようにパソコン関係を買い替えてきた筆者だが、それは日経テレコンを自宅に引いた時と同じくあくまでもコンテンツ作りのためだった。一人の自営業と大組織とでは規模は違うが、コンテンツで勝負しようとしたのは『メディアの興亡』に登場する新聞社も同じだったはずだ。印刷工程を合理化して競合社との勝負に勝ちたい。通信経由で情報を提供したのもコンテンツ商売を多角化しようとしたのであり、実際、日経新聞の優位はそうした先行投資によるところも大きい。

しかしインターネットというメディアは本丸のコンテンツをも変質させ始める。ヤフーなどアクセス数を競うポータルサイトは各社提供のニュース記事をサイトの訴求力に利用した。利用するブラウザがあらかじめ設定され、そのホームページとして開くポータルサイトも決められた状態でＰＣを買う人は、ポータルサイト経由でニュースを読むようになる。

こうした変化の背景に人と話題を共有し、コミュニケーションを成立させることを重視するようになった価値観の変化がある。個々の記事内容自体は、インターネットの時代に各新聞社が作り始めたウェブ版と同じなのだが、ポータルサイトは人気重視で各社の記事にリンクを貼るので、一般紙であれスポーツ紙であれ、話題の記事を横断的に一覧できる。アクセス数が多く、上位に表示されている記事は共通の話題となる情報を多く含むので、話題になりにくい記事まで包括している新聞社のサイトよりもヤフーなどのポータルサイト経由でニュースを読んだほうが効率的だということにもなる。

新聞社にしてみれば取材から情報の分析、整理、そして提示に至る自社の活動全体がコンテンツなのだ。しかしそのコンテンツは断片化し、インターネットの世界に流れ出る。まさに角砂糖（コンテンツ）が紅茶（メディア）に溶けてゆくイメージだ。ポータルサイトへのニュース提供はそれなりの有償契約に基づくが、そこから更に断片的に引用されて広がってゆく流れに課金はできない。こうしてネットが報道機関の経済環境を変えてゆく。

そして、コミュニケーション価値を重視する社会の成立は、記事作りそのものにもじわじわと影響を与えてゆく。アクセスの多さを重視するなら、書かれるべき記事は、ジャーナリズムのコンテンツとして相応しいものから、コミュニケーションによって伝えられ易いものへと変わってゆく。こうした変化は書籍などあらゆるコンテンツにも及んでゆく。「コンテンツとメディアの興亡」を懸けた戦いは、ＣＴＳ化を契機とした「メディアの興亡」後に始まり、今も続いているのだ。

## 血まみれのメディア空間に詩は生まれるのか

しかし、こうしてメディアがコンテンツを侵蝕してゆく流れは果たして一方通行なのだろうか。確かに紅茶に溶けてしまった角砂糖を元のかたちに戻すことは不可能だ。だが、子供の頃、化学を学んだ人は、硝酸銀の溶液に銅板を入れる実験で、銅の周辺に細かい枝が生えるかのように銀が付着してくる様子を見たことがあるかもしれない。溶質は溶媒の中に溶け出すだけではない。溶媒の中から溶質を析出することもできる。

コンテンツとメディアの関係もそうではないのか。本書では以後、コンテンツとメディアの戦い、つまりインターネットのように新しい情報環境を用意するプラットフォームが現れ、コンテンツとメディアの関係はどう変わっていったかを追ってみようと思う。

高校時代のガールフレンドに贈られた『詩と死』。当時はチンプンカンプンだったが今なら読み通すことが出来る。その中で、川端康成の「末期の眼」が紹介されている。川端は「末期の眼」でものを見ることが芸術の極意であると考えていた。たとえば自殺を決めた瞬間に自然な光景が輝きだし、いつもよりも美しく見える。唐木もそれに同意し、芸術家はそんな自殺者の眼を先取りすべきであり、「われわれをとりまく日常性の様々な係累から離れ、自己の生存のための諸煩悩から離れるとき、自然やものがその日常性、効用性から洗われて、美しく見えるのだ」と書く。

そして唐木が「死は詩に、詩は死に深くつらなっている」と結論づけた言葉を今、改めて噛みしめる。著作権法における著作者人格権が典型的だが、著作物を人間という概念と通底させて考える立場がある。生きている人間は人格を持ったひとつの全体としてあり、切り刻んだら血が吹き出て死んでしまうし、部分を入れ替えたら別人になってしまう。同じく著作物も著作者の生命が吹きこまれた全体としてあり、勝手に切り刻んだり、改竄してはならない。こうした考え方が未だに通用するのだとすれば、コンテンツを切り刻んで流通させるインターネットというメディア空間は死骸の断片を溢れさせている血まみれの死の世界だといえる。

そこで、インターネットが影も形もなかった時代に生きた唐木の文章を安易に現代と引き合わせる危うさを承知のうえで、「詩」と「死」を「コンテンツ」と「メディア」と読み替えたくなる。唐木は自殺者の末期の眼を先取りすることで「死」を経由した「詩」があると考えていた。それはメディアの中から銀の樹氷のように立ち上がるコンテンツもあるということなのか。もしもそんな奇跡があり得るとして、「空も水も詩もな」くなって久しい世に再び現れる「詩」はどのように詠われるのか。その時、「詩人」は果して人間の顔つきをしているのか。それを確かめることもこれからの宿題として、メディアとコンテンツの戦いを見てゆこう。

# 第二章　大日本印刷の新展開

## 『ルバイヤート』の運命

気鋭のイスラム研究者池内恵《さとし》が、かつて出した本に『書物の運命』（文藝春秋）がある。

書名は「『ルバイヤート』と書物の運命」というコラムから引かれたようだ。「ルバイヤート」はペルシャ詩で最も短い詩形である四行詩「ルバーイイ」の複数形。オマル・ハイヤーム（1048～1131）は全ての詩作をルバーイイのスタイルで行い、最も高い名声を持ったゆえに「ルバイヤート」といえば彼の詩集を意味する固有名詞となっている。池内によれば、

「イランにおいて『ルバイヤート』は、誰でも一節ぐらい諳んじることのできるような古典だが、世界文学としての『ルバイヤート』が成立するまでにはさらに多くの人の手

を要した」

西欧世界にそれを伝える役割を果たしたのはビクトリア朝期の英詩人エドワード・フィッツジェラルドだ。彼は自作の詩よりも1859年に訳詩集『ルバイヤット』（英語風に読むとこうなる）を刊行したことで歴史に名を残す。

最初、フィッツジェラルドはその翻訳を自費出版した。初版はわずかに250部だけで、若干部を友人に分け、残りを印刷をまかせた書店に1冊5シリング（60ペンス）で売らせた。しかしいっこうに人気が出ず、買い手がつかないので、ついには1冊1ペンスの安値で見切り本の箱のなかに並べられたらしい。

しかし、そんな書物の運命が急転する。ラファエル前派の画家・詩人であるロゼッティの友人2人が散歩中に投げ売りされている屑本を偶然見かけ、ロゼッティにその話をする。古本屋に出かけていってその本を手に取ったロゼッティはたちまちその価値を見出し、数冊を買って帰る。読み返して改めて名作だと舌を巻いたロゼッティは友人にも分けようと翌日、本屋に出かけたが、本の値段は2ペンスに上がっていた。欲しそうな客の様子を見逃さずに売値を変えておくあざとい書店主にロゼッティは嫌味を述べたが言い値で買った。

しかし、それは序の口であった。ロゼッティ絶賛の評判は口コミで広がり、数週間後に詩集の値段は1ギニー（252ペンス）まで高騰したという。こうして評判が高じて売れ始めた詩集は増刷・改訂を重ね、フィッツジェラルド以外の訳者も翻訳に挑戦して二匹目、三匹目のドジョウを狙った。

こうして世紀末の西欧文学界の一大流行書になった『ルバイヤット』は、イギリスだけでなく世界各国で読まれるようになる。日本に最初に持ち込まれたのもフィッツジェラルド訳で、東大でラフカディオ・ハーンが講じ、1899年には上田敏訳の英詩選集に収められ、大正になってから竹友藻風が全訳した。

この時期にはそれがペルシャ文学という認識は乏しく、西欧近代文学のひとつとして旧制高校の知的エリートたちの自尊心と不安に強く共鳴した。

たとひわれ、「法」と「線」、また論理にて
「上下」に「あり」と「あらず」を定むとも、
測らむと人の思へるもののうち、
通ぜしは何もなし、——酒をのぞきて
（竹友藻風訳）

そうした中で初めてペルシャ語から直接翻訳を試みたのが小川亮作だ。１９３２年に外交官試験に合格、テヘランで３ヶ年の外交官生活を送った小川は電気や水道にも不自由する生活に耐えながらペルシャ語を苦学して修め、『ルバイヤート』を訳した。オリジナルの韻律を日本語に移そうと奮闘した労作は１９４９年に岩波文庫版として上梓され、巻末にルバーイイ詩法の詳しい解説が載っている。

こうして世界中で読み継がれてきた『ルバイヤート』を例に、池内はコラムをこう結んでいる。「幾多の困難を乗り越えて今に伝わる書物たちを手に取ってみれば、どれも疑いなく価値あるものばかりだ。千年という時の単位を取ってみれば『価値のないものは残らない』と確実に言える」「しかし『価値のあるものは確実に残る』とも限らない。……不運にして読者を得ず、正当な扱いを受けぬまま失われたものも多いだろう。しかしそれはもう仕方のないことだ。……『価値のあるものが全て残るわけでもない』という如何ともしがたい書物の運命は、運を天に任せて受け入れることにしよう」。

## 書物を巡る「環境」の変化

確かに永劫の時間のなかで書物の運命は天に委ねるしかないのだろう。だが、もう少し現実に目を近づけてみると書物の運命を握るのは天だけではないようにも思える。書物を巡る「環境」は『ルバイヤート』が読み継がれてきた約千年の間に大きく変わった。たとえばハイヤームが友人たちに配ったという私家版は間違いなく手稿写本だったろうが、ハイヤームとフィッツジェラルドの間には「印刷革命」が介在している。

ドイツのマインツでヨハネス・グーテンベルクが活版印刷を用いて最初にラテン語教科書を印刷したのは1450年頃だったと言われる（ジョン・マン『グーテンベルクの時代』原書房）。その技術はイスラム世界にも伝えられていた。鈴木董《ただし》（東京大学東洋文化研究所）の論文「後期イスラム世界における紙と書物」によると1492年には亡命ユダヤ人たちの手でヘブライ文字を印刷する印刷所がオスマン帝国内で設置されていたという。

だが、イスラム圏で印刷技術が本格的に使われることは長らくなかった。鈴木はその理由として「唯一神アッラーのお言葉である『コーラン』を書くためのアラビア文字が非常に神聖なものだと思っていて、それを扱うのに不信心者どもが発明したような技術を入れたくないというのが一つはあった」のではと推測している。

イスラム世界で活版印刷による本づくりが盛んになるのは19世紀になってからだったという。こうした歴史と照らし合わせると、フィッツジェラルドが入手した原本は骨董品のような写本だったかもしれないし、なんらかのかたちで印刷されたバージョンを読んだのかもしれない。いずれにせよ、『ルバイヤート』はフィッツジェラルドの手に届いた。そしてフィッツジェラルドの英訳本は海を渡って極東の島国まで行き着き、日本語訳されて印刷、出版された。


それから約1世紀の間にも書物環境は何度かルビコン河を渡っている——。

前章で新聞紙面製作工程の電子化を取り上げた。そこでは製作プロセスこそコンピュータ上で行なわれていたが、最後には紙面への印刷があった。しかし、やがて日経新聞社は電算化を通じてデジタルデータとして持つようになった情報を印刷するだけではなく、データベースとして蓄積し、通信回線を通じてオンデマンドで提供するようになった。送信された情報は主にパソコン端末上で読まれた。

こうして印刷物製作工程の電算化は、初めからモニター画面で読むことを想定した

「本」を作る挑戦へと波及してゆく。当時、電話回線での接続はまだまだ通信速度が遅く、不自由だったので、モニター上で読む本は記録媒体であるフロッピーディスクやCD-ROMにコンテンツをパッケージして販売するスタイルが選ばれた。日本では1985年に三修社が『最新科学技術用語辞典』を出版したのに始まり、87年に岩波書店の『広辞苑』が刊行されている。

萩野正昭がボイジャー・ジャパンを設立し、アメリカのボイジャーと契約を結んで同社のCD-ROMタイトルの日本版を出し始めたのもこの時期であった。アメリカのボイジャーは新しい技術の時代にふさわしい新しい本のかたちを模索し、90年に「エキスパンドブック（拡張された本）プロジェクト」を開始していた。付箋を貼ったり、メモを書き込むといった紙の本でできることを電子の本でも機能として実装、更にテキストだけでなく、動画や音声もシームレスに扱うことがまず考えられた。

この「エキスパンドブック」を日本にもたらすにあたって萩野は「電子の本が生まれるまで500年かかりました」というキャッチコピーを当時しばしば使っていたという。グーテンベルクが意識されていたことは言うまでもない。

こうして開発の緒についた「拡張された本」はやがて電子書籍と呼ばれるようになっ

た。萩野が過去の経緯をまとめた本の書名も『電子書籍奮戦記』（新潮社）である。電子書籍はもはやCD-ROMではなく、飛躍的に高速化された通信回線をメディアとして配信され、PCだけでなく、携帯電話やスマートフォン、タブレット端末などでも読まれるようになっていた。

たとえば竹友訳『ルバイヤット』は著作権の切れた国会図書館所蔵本の復刊を手がける「君見ずや出版」によって電子書籍化されている。アマゾンの電子書籍端末（とアプリ）であるキンドルを使えば、ペルシャの細密画を意識したと思われる恩地孝四郎のイラストの入った大正初期の初版が347円で読める。萩野が夢見たマルチメディア展開する「拡張された本」とはずいぶん異なり、原本をスキャンしただけで、動きもしないし、音も出ない。画質はよくないし、モノとしての書物の魅力は皆無だが、竹友の高踏的な翻訳を軽く味わってみたいと思ったり、どんな本だったのか見てみたいと望む好奇心には応えられよう。

## 大日本印刷の取り組み

こうして紙というメディアに印刷される以外の形態を持つに至った環境の変化は、書物というコンテンツの運命にいかなる影響を与えたのか——。

印刷された本の販売額が低落していることは前章でも書いた。ならば新しい電子書籍はどうか。iPadなどの電子書籍端末が多数発売され、電子書籍ストアも数多くオープンしたことから「電子書籍元年」と呼ばれた2010年に656億円だったその売り上げは、キンドルの日本でのサービス開始を指して「黒船上陸」と言われた2012年には768億円に、2013年には1013億円まで増えている（インプレス調べ）。しかし同時期に紙の書籍が約2000億円売り上げを減らしていることを思えば、電子書籍は「本」の市場全体の救世主にはなりえていない。

紙も電子も含めて書籍市場全体が低迷している。読むためのメディアのシェアの奪い合いをこえて書籍というコンテンツ自体が求められなくなっている。そんな状況において、注目を集めるのが大日本印刷（DNP）の取り組みである。

1876年に創設された秀英舎をルーツとするDNPは、今や「印刷会社」のイメージを遥かに超えた幅広い事業を営んでいる。

戦後の混乱からの立て直しにあたって1951年に策定された再建五ヶ年計画で、出版物以外の分野の印刷に進出することが基本戦略の一つに据えられていたことは案外と知られていない。後に「拡印刷」と呼ばれることになる新分野開拓の流れは建材、鋼板、布地への印刷や、印刷技術を生かした精密電子部品製造などへと広がり、更に印刷される媒体であるプラスチック容器の製造や各種フィルム生産などにも事業を多角化する。

こうした延長上に本の環境変化に対してもDNPはいち早く取り組んでいた。電子書籍の時代到来を見据えて2001年にパソコン向け電子書籍配信サイト「ウェブの書斎」の運営を開始している。

ところが、このように電子の本を手がける一方で、紙の出版物にも印刷以外のかたちで深く関わるようになった。経営を悪化させ、産業再生法に基づいて再建中であった書店の「丸善」を、大和証券SMBCプリンシパル・インベストメンツからの株式譲渡を承けて2008年に子会社化している。

なぜ印刷会社が書店をグループ化したのか。

「そこには大日本印刷の思いがあったのですよ」

東京市谷の同社C&Iビルの応接室で、中川清貴が言う。中川は子会社となった丸善の持ち株会社である丸善CHIホールディングス社長を務める。

「DNPは創業以来ずっと出版と二人三脚というか、下支えさせていただく形で業をなしてきたわけです。その中で一つは出版業界に対して恩返しというか、何とか出版業界を盛り上げたいと考えた。1996年からずっと売り上げが下がっている業界で何か我々にできることはないのかと考えるようになりました」

しかし「拡印刷」の多角化を進めつつも本業の核に出版印刷がありつづけたDNPといえども書籍の世界に十分に通じているわけではない。そこでパートナーとして選ばれたのが丸善だった。丸善は福澤諭吉の門人であった早矢仕《はやし》有的《ゆうてき》によって明治維新直後に横浜で創業された丸屋商社をルーツとする日本の近代書店史そのものといえる存在だ。

「丸善の経営に関わることで、外から書店を見ているだけではなかなか分からない課題も見えてきて、書籍の販売をどのようなかたちでDNPが手伝えるか分かってきた」と中川は言う。そしてDNPは更に他の書店との資本提携を進めてゆく。次にパートナーとなったジュンク堂書店は丸善とはまた別の個性を持つ書店であった。創立は1963年と新しい。経営方針は「充実した品揃え」で、「ジュンクにゆけば買えない本はない」を理想と掲げる。その実現を目指して大規模店化を進め、梅田店は2060坪、初の東京進出となった池袋本店も2000坪と大型店の標準だった500坪を遥かに凌駕する広大な床面積に、平台を置かずに書架を縦に並べて、とにかく扱い点数を多くした。加えてオープンカフェの設置や読書用の椅子を店内に配置するなど書店の常識破りにも挑戦してきた。そんなジュンク堂の株式の51％をＤＮＰが取得し、傘下に加える。

こうした書店と提携して改めて驚かされたのは客の目に触れることなく消えてゆく本の多さだったと中川は言う。それは出版界の構造的な問題である。60年代初頭には１万点程度だった年間の書籍発行点数が２０１２年には８万点を突破している。文字メディアは声のメディアと違って歴史に残るところが特徴のはずなのに、今や発行点数が書店の収容能力を超えている。結果として津波のように押し寄せる新刊本の中には書棚に並べられずに返品されてしまうものもあるし、幸いにして並べて貰えたとしても、すぐに次の新刊にスペースを譲らなければならなくなる。好意的に紹介する書評を読んで書店に行っても、もはや店頭から消えていて買えないということもしばしばだ。

### ハイブリッド型総合書店の利点

こうした状況の打開に役立てばとＤＮＰが打った手のひとつがハイブリッド型総合書店ｈｏｎｔｏの活用だった。その「ハイブリッド」たる所以は、まずは電子書籍の販売とインターネットによる紙の本の通販を行うこと。電子書籍書店としてのルーツは先述した「ウェブの書斎」である。その機能とコンテンツを拡充し、2010年に「honto」と改称した。

そんなhontoのサイトに丸善やジュンク堂、そしてその後も文教堂などDNPグループ傘下に加わる書店がそれぞれ運営していたオンライン販売サービスに繋がるリンクが貼られる（文教堂は2016年9月にDNPが株式の一部を日本出版販売に売却。連結子会社から外れ、日販が筆頭株主になった。しかしhonto事業には加わり続けている）。

書店だけではない。中川が社長を務める丸善CHIはDNPが丸善と相前後して図書館向け書籍取次会社の「図書館流通センター（TRC）」をグループ会社とした時に、両者の共同持ち株会社として2010年に作られたCHIグループ株式会社がその前身だが、hontoは2000年7月からTRCが運営していたオンライン書店bk1の事業も受け継ぎ、2012年には統合を果たしている。

こうしてhontoは電子書籍と紙の本のネット通販を行うハイブリッドサービスを展開する。加えてそのハイブリッドぶりはネット利用の購買だけでなく、書店店頭での購買をもサービスの中に含むことでも発揮されている。hontoの会員になれば丸善やジュンク堂、といったＤＮＰグループの書店で購買した時にもポイントが貯まり、それはネット、書店のいずれの購買でも利用できる。これはアマゾンでも出来ないサービスだ。

中川によれば「ｈｏｎｔｏの会員は今や２７０万人を超えました（取材時。２０１６年には３００万人を突破）。その中の１７０万～１８０万人はジュンクや丸善、文教堂を訪ねた人に店頭で会員になってもらっていますから、圧倒的に本好きの比率が高い」とのこと。たとえばｈｏｎｔｏのネット書店としての売り上げの特徴はコミック比率の低さだ。「コミックもそうですが、やはり文芸書とかビジネス書を店頭で買うような本好きの人が会員の中に多いということでしょう。そうした人たちに会員向けのメールなどで情報提供できる」。

過去の購買経歴から「こんな本はいかがですか」とリコメンドメールを送って購買に誘うことは他のネット通販でもしている。ｈｏｎｔｏの場合、それに留まらず、リアル書店とのハイブリッドでサービスを考える。14年末にｈｏｎｔｏ　ｗｉｔｈというアプリをスマートフォン向けに提供開始した。これは「欲しい本」「過去にチェックした本」をリストする機能を備えるのに加えてその本がＤＮＰグループのどの書店にあるか、在庫状況を棚番号まで含めて提示し、購買を促す。

そして書店を訪ねれば別の書籍の購買に繋がることも期待される。「リアルの本屋は出会いがありますよね。棚を見ていると、あ、こんな本があると。自分の空間が広がる雰囲気がある。それはネット通販にはない魅力」だと中川は言う。

それは中川自身の経験に基づく実感のようだ。中川は同志社大の工学部出身。「大学時代に京都にいましたので、よく丸善を訪ねていました」。丸善の京都店といえば三条通麩屋町《ふやちょう》にあった時期に梶井基次郎の小説『檸檬』の舞台になったことで知られる。1940年に河原町に移転しており、大学生の中川が通ったのはこちらだろう。『檸檬』は鬱屈した主人公がレモンを爆弾に見立てて「丸善の棚へ黄金色に輝く恐ろしい爆弾を仕掛て来た奇怪な悪漢が私で、もう十分後にはあの丸善が美術の棚を中心として大爆発をするのだったらどんなに面白いだろう」と妄想する物騒な内容を含んでいたが、この丸善河原町店が2005年に閉店した時に、多くの利用者が別れを惜しんで本の上にレモンを置いたのは、読書家たちらしいユーモアに満ちた愛情表現だった。

すぐに丸善の名を出したのは今、自分がその持ち株会社を率いているということよりも、過去にその店を愛し、実際に本との豊かな出会いも経験してきたからだろう。19

77年に大日本印刷に入社した中川は勤務地も京都を希望した。「工業化学出身だったので歯磨きのチューブとかを作るのだろうと思っていました。ところがそうした製品を作っていた京都工場がその年度は新入社員採用ゼロで、大阪工場にゆくことになった。古い工場でね、これが。芝生があって、川が流れていて、お昼休みにはキャッチボールなんかするのだろうと期待していたけれど、裏切られた」と笑う。

やがてデータベース開発に携わるようになる。大量の情報を蓄積して目的に応じて提供するデータベース作りのノウハウは、膨大な点数の出版物を相手にして、売り上げの長期低落傾向から脱する「解」を探す今の仕事にもおそらく生きているはずだ。というのもハイブリッド型総合書店ｈｏｎｔｏのポイントサービスは、経営する側にしてみればネットと店舗を横断して会員の購買動向把握を可能にするツールとなる。

「書店の人たちと話すとき僕は書店を科学したいとよく言いますね。本をどう置くか、どんな人にお店に来てもらうか、来てくれてない人をいかにお呼びするか……。科学的に考える余地がまだまだあると思う」と中川は言う。「極端な話、ミリオンセラーといっても日本の人口1億人の中の100万部ですから、100人に一人しか買ってないんですよ。それを2人に読んで貰うようにするのは、一人の人に2冊読んで貰うようにするより簡単そうに感じますよね。書店に入ってくれれば3割から3割5分の人が買ってくれているという統計データもあるので、お店の前を歩いている多くの人にもっと店に入って貰いたい」。

そう願う背景には書店への愛情の裏返しでもある強い危機感がある。

「これ以上減ると、書店のない市町村も出てくる恐れがあって、これだけは避けたい。ネットをやらせていただくのもネットと書店の両方の売り上げが増えるプラスサムを目指したいから。町場の小さな本屋さんも、郊外型も、大型書店もそれぞれに生き延びるかたちがあるはずです」

なぜ本が1円で売れるのか

限られたシェアを奪い合って勝者だけが生き残るゼロサムではなく、書籍に関わるそれぞれのアクターがそれぞれの生きる道を見つけつつ全体としてパイが大きくなってゆくプラスサムを志向する。生き残りを模索しているのは書店だけではないのだ。

「みんな苦しいでしょう。版元さんも苦しいし、取次も苦しい。そんな状況の中で営業利益をそれぞれ1％ずつ上げたいんです。版元、取次、書店の全体で3％だとすると書籍の市場規模が今は1兆6000億円なので約5000億円。それだけ営業利益を上げるにはどうするか、まず考えたい」

控えめな数字のように思うが、構造的な問題の解決はたやすくないはずで、楽観的すぎる予想はむしろ危うい。その点、1%の確かな改善ができれば膠着状況を打開する風穴が開く可能性がある。

その実現のために、たとえばhonto会員270万人の購買動向というビッグデータを元に、これから出る本の売れゆきが予測できないか。理想は高く、タイトル1点ごとの需要予測を望む。

「この本であれば初版部数はこれぐらいが適当だろうとか、30日後にはこれぐらい売れているはずだと分かれば、重版のタイミングを逃すことがなくなります」。需要を多い方に見誤れば不良在庫や返品を増やし、少ない方に見積もると品切れを招いて商機を逃す。版元、取次、書店の利益を最大化するために、適切な部数の書籍を適切なタイミングで印刷するように印刷会社の側からアドバイスできないかと中川は言う。

とはいえ品切れになるのは売り切れの場合だけではない。「ある専門書の版元と話していて、出版リストを見ると重版未定のものが多い。版元で品切れになっているけれど増刷して儲けが出るほどの見込みもないので重版できない。これは事実上、絶版と同じでもはや買えないわけです」。

たとえば冒頭で紹介した『書物の運命』も新刊では入手できないし、電子書籍化もなされていない。残る入手法は古本を探すことになるが、今やインターネットで古本市場に検索がかけられるようになった。特に便利なのはアマゾンのマーケットプレイスで、新刊、古本の区別なくシームレスに検索できる。

『書物の運命』は、内容が書評や書物一般についてであり、イスラム国がらみでないとはいえ、売れっ子イスラム学者の入手困難な著作のせいか、調べてみるとマーケットプレイスの古本はロゼッティが目を付けた後の『ルバイヤット』のように新刊時を上回る強気の値付けになっていた。一方でマーケットプレイスには叩き売りされていた時期の『ルバイヤット』のように1円という超廉価で買える古本も多い。

なぜ1円で売れるのか。アマゾンのマーケットプレイスで本を売る業者に対してアマゾンは配送料として本1冊に対して257円を払う設定をしている（日本国内の場合）。しかし実際には成約すると成約料として本の場合はそこに1冊につき60円（プロマーチャント契約をしていない小口出品業者の場合はこれに基本成約料100円が上乗せされる）

と手数料として販売価格の15％が引かれるので1円で売って約98～198円の収入となる。業者が実際に支払う送料と仕入れ価格の合計がこれ以下であればかろうじて儲けが出るが微妙なところだろう。

それでも1円販売が止めにくい事情がある。それはメディアとコンテンツの攻防戦の一つの縮図でもある。アマゾンは出品者と購買者を繋げるメディアであり、売買の場（プラットフォーム）を提供するのがその業態だ。そのメディア上での売買に対して成約料を取るのがアマゾンのビジネスモデルであり、成約数を増やせば利益が増える。そこでアマゾンは成約数を増やすようにプラットフォームを設計する。安値順に出品を上位に掲載する方法はそうした設計の一環だ。簡単な仕組みだが、安値であればよく売れるという方向づけをする上でそれは極めて効果的であり、より安値での販売をコンテンツ出品者に促す結果となる。

もしもコンテンツの側に価値があれば、こうしたメディアの力学に抗うことができる。『書物の運命』はそんな例だ。だがマーケットプレイスは総じて安売り濫発の状況であり、コンテンツとメディアの戦いでコンテンツ側が敗色を濃くしている印象を覚える。

たとえば新刊書とマーケットプレイスの1円古本が画面上に並ぶこともありえる。同じ書籍であれば1円で買える経済価値に買い手がなびくことは自然だ。かくして1冊の新刊書が1冊の1円古本の前に商機を逃し、版元に利益は生じず、著者に印税の還元もなくなる。一方で本を売った古本販売者も僅かな小遣い銭が入るか入らないかとなると儲かっているのはアマゾンだけということになる。

## 「書籍の公共性」と「青空文庫」

ただ、こうした状況を前にアマゾン最凶説が唱えられがちだが、安易にそうした議論に与したくもない。1円で買えることは、例えば経済力の乏しい読み手にとってはかけがえのない価値だろう。それを頭ごなしに否定することは、本は誰のものでもあるべきだとする「書籍の公共性」を損なう結果になりかねない。

その意味で1円どころか、0円で著作権切れの書籍をネット公開する「青空文庫」プロジェクトには大きな価値があると考える。創設者である故・富田倫生はこんな文章を残していた。

「電子出版という新しい手立てを友として、私たちは〈青空の本〉を作ろうと思います。青空の本を集めた、〈青空文庫〉を育てようと考えています。青空の本は、読む人にお金や資格を求めません。いつも空にいて、そこであなたの視線を待っています。誰も拒まない、穏やかでそれでいて豊かな本の数々を、私たちは青空文庫に集めたいと思うのです」

ちなみに『ルバイヤート』も青空の本となっている。先に引いた小川訳岩波文庫を底本とし、前書きと本文を正確に電子データ化している（ハイヤームはいうまでもないが、訳者・解説者の小川も1951年に41歳で急逝しており、日本の著作権法では没後50年が経過し、権利が消失している）。

いつまで一生をうぬぼれておれよう、
有る無しの論議になどふけっておれよう？
酒をのめ、こう悲しみの多い人生は
眠るか酔うかしてすごしたがよかろう！

イスラム国のはるか前にイスラム圏で読まれていた詩から当時の社会の雰囲気を彷彿する機会が広く開かれていることは素晴らしい。とはいえ青空文庫は同じ志を共有するボランティアによって電子本化を進めて「書物の共有」を追求する一種の社会運動であり、形態としては図書館に近い。対してアマゾンはマーケットプレイスを書店型のビジネスとして運営している。

0円は理念の象徴であり、1円はメディア企業の営利追求の結果だ。そんなマーケットプレイスを書店型のビジネスとして運営しているアマゾンに対して、同じくビジネスとしてコンテンツを扱ってきた日本の出版業界の歯がたたないことに以前より情けなさを感じていたが、DNPにはその勝負に臨もうとする意気を感じる。

ビジネスの戦いは消費者にとっての価値をいかに生み出せるかが勝負だ。たとえばマーケットプレイスでの購入で本が手元に届くまで数日かかるとすれば、通勤や通学の途中で立ち寄った書店でその本が買えるのであればすぐに読み始められることが一つの価値となろう。その意味で確かな在庫情報を届けるhonto withのサービスや重版タイミングを予想して店頭での売り切れを避ける販売の最適化は武器になろう。

そして版元で売り切れたまま重版未定状態になってしまった本でも注文を承けてすぐに復刻できる態勢が整えば、これもまた版元から買おうという動きを導けるはずだ。「重版未定の本はうちにくださいと言いたい。うちがオンデマンドで刷ればいい。今ならかなりの少部数からお出しできると思うんですね」。中川によれば書店に並べてオンデマンド印刷での復刊だと見分けられないレベルに仕上げられるほど最新の印刷技術は進歩しているという。もちろんカラーはまだ難しいのでモノクロでとかオンデマンドで復刊しやすい体裁であらかじめ刊行しておく必要があるが、その条件さえ満たせれば重版未定本は事実上なくせるはずだと中川は考えている。

こうしてメディア環境の変化の中で、紙の本の価値を再生させる試みにＤＮＰは様々に取り組んでいる。そこに更に電子書籍をたすき掛けに組み合わせて「プラスサム」を実現するための挑戦も始まっている。書物の運命は果たして今後どうなってゆくのか。

## 第三章　だれが「本」を守るのか

「家庭にも科学を」

「書店に科学を持ち込みたい」

大日本印刷のパートナーとなった丸善、ジュンク堂といった書店事業を統括している丸善ＣＨＩホールディングス社長として取材に応じてくれた中川清貴が、そう述べた言葉は印象的だった。

というのも、そこに一種の逆説を感じたのだ。中川の考え方に対してではない。書店に科学を持ち込める余地があったということについてだ。というのも書籍を扱う書店は、間違いなく知識産業の最前線の一つであり、社会を明るく照らしだす最新の科学的知見の多くがそこに集約されているはずだ。そんな書店自体に科学が不在だったとしたら、まさに灯台下暗しというべきか。

書店の、あるいは出版流通業界のこうした逆説を際立たせるために、もうひとつ逆説を紹介してみよう。書店が前衛だとすれば、家庭は後衛だろう。効率を求めて科学的な合理性を競いあう社会の後ろに控える家庭は、企業戦士たちが帰宅し、明日の戦いに向けて心身を休め、癒される場所だ。

ところが、そんな後衛である家庭にむしろ「科学」がある。工場などで「ムダ・ムリ・ムラ」を減らす科学的管理法が求められるようになった動きと呼応して、家庭にも科学的合理主義が必要だと考えられ、米国で確立された学問が、家政学（home economics）だった。

こうした「家庭にも科学を」という風潮は日本にももたらされる。1903年、夫の吉一と共に合理的な家庭経営の実現を謳って雑誌『家庭之友』を創刊した羽仁《はに》もと子は、翌年に家計簿の販売を始める。費目別に支出を記録し、あらかじめ組んだ予算から減算してゆく簡易簿記式の記帳方法を採用した家計簿は、家庭経営の実情を記録し、反省の機会を提供してより合理的な家庭経営に向けた改善を進める上での基礎資料になるものであった。やがて『家庭之友』は1908年に専業主婦層に読者を絞った『婦人之友』に改題され、新創刊される。同誌は読者同士の交流を支援する方針を採用。1930年に結成された愛読者による「友の会」では羽仁の考案した家計簿をツールとしつつ、ムダ・ムリ・ムラを省いた家庭経営を追求すべく盛んな意見交換がなされた。

こうして合理的経営法は工場から家庭に移植されてゆくわけだが、戦後日本では流れが逆転したエピソードもあった。かんばん方式などの名で知られる生産合理化を進め、トヨタ自動車副社長を務めた大野耐一の妻・良久《らく》は、あるインタビューで「私が購読していた『婦人之友』という雑誌が夫のトヨタ生産方式の発案のヒントになったのでは」と述べている。『婦人之友』の過去記事を調べてみると、1954年10月号掲載の「まんべんなく掃除をする方法」で描かれている方法がトヨタの生産方法と似ている。そこでは掃除を年数回の「特別掃除」と、毎週決まった日に行う「丁寧掃除」、そして毎日の掃除に分け、娘の手伝いが期待できる夏休みや、外出時に掃除の手伝いを頼むことも視野に入れて掃除方法を組み合わせ、一年中ほぼ同じ忙しさを保ちつつ家の中がまんべんなく片付いているようにするのだ（小関孝子『生活合理化と家庭の近代』勁草書房）。

確かにトヨタが生産平準化を進めたのも同じ54年だった。もしこの記事が直接の発想の源でなかったとしても、高度経済成長の推進役であった工場と、そこで働き疲れた企業戦士たちを温かく迎える家庭が、科学的合理化を求めることにおいて歩調を合わせていた事情が窺える。

こうして家庭にまで吹いていた合理化の風が、なぜか出版流通の世界には及ばなかった。DNPはそんな無風地帯に遅ればせながら「科学」の風を吹かそうとしている。

## 日本の出版文化をどう守るか

2010年8月、DNPはNTTドコモとの業務提携を決定、12月には合弁の新会社トゥ・ディファクトを設立。ネットワークを経由して提供される電子書籍ビジネスに本格的に乗り出す。

「DNPは印刷という仕事を通じて紙に情報を載せて届ける歴史的に古くからあったコミュニケーションに携わってきた。紙がなんらかの電子媒体になり、そこに載せる情報がデジタルになったとしても、我々は一貫してコミュニケーションの基盤を提供しているわけで、その意味では特に違和感はありませんでした」

DNP五反田ビルの応接室でトゥ・ディファクト社長の加藤嘉則が取材に応じた。加藤が懸念したのは、情報を載せるメディア＝プラットフォームの変化よりも、それがコミュニケーションの質そのものを変えてしまいかねないことだったという。「インターネットは本来ならば知的想像力を広げ、多様性を許容するメディアであるはず。ところがビジネス用途で使われる段になると、簡便であるとか便利であるというところばかりが重視されて、多様というよりはマスプロ的に使われがちになる」。

話を聞いていると、その懸念が具体的な内容をもっていた様子が窺える。

「アマゾンのキンドルが日本でも遠からずしてサービスを開始するということが電子書籍のプロジェクトを始める大きなきっかけになっていました。当時、キンドル上陸はしばしば黒船襲来に喩えられていたのですが、確かに米国での状況を見ていると、初めは電子書籍の販売価格帯もある程度キープされますが、ある時期からぐっと下げられる。あるいはある程度の売り上げがあるものしかネット上に置かない、検索で調べて上位に出るのは売れているものばかりになる……。そうした販売方法がそのまま日本に入ってくると結構大変かなと思いました」

そこにはビジネスモデルの違いがあると加藤は考える。「彼らは書籍のネット通販から始めて今や総合的なＩＴ企業になった。そこで、〈フック〉といったら失礼なんだけれども、自分たちの巨大なビジネスのために書籍を使うという位置づけなのではないか」。

前章で、アマゾンは出品者と購買者を繋げる巨大なメディアであり、売買の場（プラットフォーム）を提供するのがその業態だと指摘した。自分の提供するメディア上での売買に対して成約料を取るのがそのビジネスモデルであり、アマゾンは成約数を増やすためにプラットフォームを設計する。キンドルの電子書籍ビジネスにもメディア・ビジネスの論理は一貫している。

そうしたやり方で日本の出版文化を守ることが出来るのか。そんな問題意識を踏まえてトゥ・ディファクトは電子書籍ビジネスの位置づけを考えようとしたと加藤は言う。そのため新しい電子書籍ビジネスに飛びつく前に、従来の紙の書籍ビジネスに問題点がないかまず、見定めようとする。

「年間の新刊が8万点、つまり毎日300点ぐらいの新刊が段ボールに入って送られてくるので、すべての新刊を書店に並べるのは大変な作業です。対応できない所も多いのでは？」。前章の中川と同じく、出版点数が書店のキャパシティを超えている現実を加藤も指摘する。そして、そんな状況に一矢報いる可能性をデジタル技術の利用に期待する。「並ばない、見えない、届かないという状況においては、やはりネットを使って欲しい本に手が届くようなインフラを提供していかないとだめだろうというのが、そもそもの考え方でしたね」。

電子でも紙でも買う人々

ＤＮＰは２００１年から電子書籍配信サイト「ウェブの書斎」を運営していたが、その機能やコンテンツを大幅に改良・拡充し、２０１０年11月にｈｏｎｔｏと改称。翌年にはこのｈｏｎｔｏの経営をトゥ・ディファクトが行うようになった。その経営戦略として「紙のメディアを置き換えてしまうのではなく、もう一つの選択肢として電子書籍が選ばれるべき。紙のメディアと電子のメディアがハイブリッドな形で生活者に提供され、新しい読書体験を育むために使われるべきと考えた」。

その妥当性は数字に既に現れていると加藤は言う。ｈｏｎｔｏ会員の中で２０１４年1月から２０１４年9月でリアル書店とネット通販の両方を使う顧客数の伸びが１０３％だったのに対して、リアル書店と電子書籍の2つを利用する顧客数は１５４％、リアル書店、ネット通販、電子書籍の3つを使う顧客数は１８４％と2倍弱にまで増えている。これはｈｏｎｔｏのハイブリッドスタイルが市場にマッチしていることを示す。

更に注目すべきは顧客単価だ。ネット通販とリアル書店で紙の本を買っている人は調査期間の9ヶ月間で月平均約7900円を本に使っている。リアル書店だけを使う人の客単価は3000円程度なので、ネットで買う手段を加えることで売り上げは伸び、相乗効果が発揮されている。そしてリアル書店、ネット通販、電子書籍というhontoのカバーする3つを利用している客の購買単価は、約1万3000円と更に高くなるのだ。

「電子で買ってリアルでも買うのは本が好きな人なのでしょうが、リアル書店とネット通販に電子書籍を加えて本と出会う機会が増えることで、その人が読む量も増えている」と加藤は説明する。そして総読書量を増やし相乗効果をより高めるためにサービスを設計したのだという。その説明は本のビジネスを応援したいとする「DNPらしい」と思った。

「hontoカードに登録したお客さんはリアル書店の店頭で入会しようが、ネットから入ろうがみんな一緒。ランキングなどの情報もリアル書店かネット書店かで分けたり、電子書籍を別にすることもない。レコメンデーションも同じように届きます」

そこで、まずリアル書店での購買に誘えれば良いと考える。「日本の場合、アマゾン対バーンズ&ノーブルという形で対立を考えることには意味が無いと思います。通勤や通学の動線の中にたいていは書店さんがありますし」。書店がない街に住む人が少なくない広大な国土を持つアメリカと事情が異なる。移動中にスマホでレコメンデーションを受けた時、一番早くその本を入手できるのはリアル書店である可能性が高い。

「書店の購買頻度もｈｏｎｔｏ会員データから取れますが、年に1回買うかどうかの人が全体の40％近くいます。1回目に来てから次いつ来るか、その間隔も約80日と分かるんですが、会員にレコメンデーションを送ることによって、たとえばそれを60日ぐらいでもう1回来て買って貰えるようにできるかもしれない」と加藤は期待を語る。

電子書籍もまた紙の本の購買誘導に用いる。「会員向けにｈｏｎｔｏ読割50というサービスを提供しています。これはｈｏｎｔｏグループの書店で本を買ってくれると、その電子版を半額で提供しますというもの。これは、漏れなく、でして、たとえばその時点では電子書籍がない本でも将来、電子書籍が出ればそれも対応します」。

確かに紙の本が好きな人も通勤通学中はタブレット端末で読みたいと思うかもしれない。電子書籍でも読めることはポイントサービスに加えてｈｏｎｔｏグループ書店での購買を動機づけるひとつの要素となるだろう。

そしてそれは電子書籍市場を広げる戦略でもある。「ｈｏｎｔｏ会員のうち１７０万〜１８０万人は書店の店頭で入会した人ですが、その中にはまだ電子書籍を買ったことがない人が多く含まれています。そういう人が半額ならということで電子書籍体験をしてその便利さを実感してくだされば、今度は電子書籍でもっと読んでみようかと思うかもしれない。結果的に一生の間に買ってくれる電子書籍の冊数が増えれば最初は半額で購入されてもペイできると思っています」。

そしてｈｏｎｔｏ読割50はイソップ物語の「北風と太陽」ではないが、電子書籍ビジネスに乗り出すことを出版社へ促すソフトな働きかけでもある。「こういうのが当たり前になってくると出版社さんも徐々に御協力いただけるようになってゆくのでは」と加藤が言う。確かに電子書籍バージョンを用意しておくことが紙の本の魅力化につながり、売れ行きにプラスに働く。そして紙の本が売れるに伴い電子書籍も売れる可能性が高くなるとなれば版元も電子書籍化に前向きになるだろう。

こうして電子書籍を含む本のビジネスをなんとか活性化させようと考える。「正直いって辛いところもあるんですよ。他のものも売っちゃったらと言われることもありますが、我々は本で行こうじゃないかということで、本そのものに利益が還元されるようなプラットフォームとして何とか頑張りたいというところなんです」と加藤は言う。そこが全ての商品をメディア・ビジネスを活性化させる道具とするアマゾンとは異なる「Ｄ

ＮＰらしさ」なのだろう。そして加藤の説明を聞いていると、その選択が社会的奉仕の精神や本の歴史へのリスペクトから選ばれた活動ではなく、デジタルの時代を迎えた印刷会社の合理的な選択でもあることも理解できた。

「バックオフィスとしてサービスを提供しているマーケット規模と、流通の中でのマーケット規模というのは1桁ぐらい違いますから。本1冊をデジタル化する仕事を受けたとして何万円も貰えないですよね。ところが印刷メディアの流通全体としては1兆6０００億の市場規模があるわけで、その中でたとえば20％ぐらい取れれば、我々としてはすごく大きいのでそこをしっかりやっていけば大分違うはずだと思っているんですね」

と加藤は言う。

## 印刷会社の新しいロジック

活版印刷技術の発明者といわれるグーテンベルクが印刷工房を運営する経営者でもあったように、近代印刷技術はそれ以外の方法では実現できないクオリティで情報を紙の上に定着させ、数多く複製物を生産する業態において自らの存在価値を際立たせ、印刷をビジネスとして成立させてきた。やがて出版がマスメディア化してゆくと、印刷会社は高度の印刷技術を駆使し、大量の印刷物を高速でつくり上げる能力がそれまで以上に求められるようになる。そうした需要に応えられる会社は数少なく、大手の印刷会社は寡占化を遂げながら設備投資を重ねて更に大きく育ってきた。

しかしデジタル技術の登場で様相が大きく変わる。デジタル技術の進化はパーソナルコンピュータ程度の性能でも高度のコンテンツ編集を可能としたし、デジタル情報はそもそも複製を作ることが容易い。PCで作ったコンテンツをインターネット上に公開すれば世界中のコンピュータに複製を送り届けることが瞬間的にできてしまう。

電子書籍とはそうしたデジタル技術の応用例だ。もちろん紙の本を作ってきたノウハウが電子書籍作りに生かせる面もある。実際、DNPはオールデジタルの雑誌『HEAPS』を創刊し、コンテンツの新しい見せ方を試みている。しかし大量に印刷する能力を専有することで成立していた一大装置産業としての印刷ビジネスのロジックは電子出版の時代においてどうしても修正を迫られよう。

それを踏まえてDNPは電子書籍作りだけでなく、電子書籍を含む出版流通マーケットでの事業展開に乗り出したのだろう。紙の本の世界に科学的にアプローチし、その健全化に努めることに重点が置かれているのは、従来の印刷ビジネスの収益構造が維持できる領域がいたずらに縮小することを防ぎつつ、デジタルの時代にソフト・ランディングするという印刷会社として当然の発想もあったはずだ。

たとえば中川や加藤が指摘した出版点数過剰の問題は、過去に何度となく指摘されてきている。ノンフィクション作家の佐野眞一が出版不況を一種の事件として描き出して話題になった『だれが「本」を殺すのか』（プレジデント社、新潮文庫）の中で犯人視されているのは「返品条件付き委託制度」である。誤解なきようにしたいが委託制度が書店を守り、版元を守り、出版文化を育んだことは確かだった。再販制によって価格競争にさらされることがないので経営体力が乏しくてもやってゆけた書店は委託制度で返品が保証され、在庫リスクが軽減されるため、需要のあまり期待できない専門書等でも店頭に並べることができた。これが結果として日本を世界でも類をみない少部数で多様な書籍が刊行される出版大国としたのだ。

しかし再販と委託制に守られた出版文化はいつか臨界点を超える。委託販売を行った際に版元は売り上げを計上できるため、運転資金を確保するために新刊を出すという本末転倒に陥る版元が現れる。委託した本が返品されれば実際の売り上げは減るので、それを補うためにまた新刊を委託販売する……。

出版点数増加の背景にはこうした自転車操業があったと指摘されることが多い。そこでは売れ行きを分析して適正部数だけ印刷配本するというような科学的思考法どころではなかったのだ。回転資金の確保のために粗製乱造される本まで含んで出版点数が増えてゆけば当然、返品も増える。佐野は２００１年の時点で「読む人」に出会うことなく返品される本が全体の40％に及ばんとしている状況を報告していた。

しかしこうした指摘があってなお改善の動きは出版業界の内部で鈍かった。問題を孕んでいることは確かであっても出版文化が再販制や委託制に庇護されていることもまた事実であり、一気に撤廃すれば出版文化は混乱を極めるだろうことが容易に予想できたからだ。

その点、ＤＮＰの関わり方は絶妙である。混乱を招く急進的改革よりも、書店に科学的思考法を持ち込み、ムダ・ムリ・ムラを省いて利益を確保してゆく漸進的改良を目指す。その一方で必要性が合理的に判断できれば、それまで出版界の独力では実現できなかったことへの果敢な挑戦もいとわない。たとえば丸善、ジュンク堂といった書店のグループ化から始まって丸善出版や主婦の友社のような版元とも資本提携してきたＤＮＰは、２００９年に新古書店のブックオフの筆頭株主になった（２０１４年に筆頭株主はヤフーに変わっている）。急成長するブックオフが売り上げを阻害するとして版元、書店業界から敵視されていた事情を思うと、このグループ企業化は青天の霹靂《へきれき》の感があったが、いたずらに対立するよりもブックオフの力を生かすことで開かれる可能性を評価したのだろう。そしてＤＮＰがまず始めたのが買い取りサービスの提供だった。ｈｏｎｔｏサイトにはブックオフオンラインのリンクが貼られ、クリックするとブックオフオンラインを経由して本の買い取りを依頼できるようになっている。売却代金は現金でもｈｏｎｔｏポイントでも受け取れる。こうして版元から新古書店まで、つまり縦に串刺しにする形で本の一生にＤＮＰは関わろうとしていた。

図書館と出版界の間に橋を架ける取り組みも注目に値する。図書館で本を貸し出すために新刊書の売り上げが落ちると考えられ、図書館と版元、書店との関係は従来、良好とはいえなかった。海外ではこうした関係を改善する試みもなされてきており、実際に買われて読まれるはずだった本の替りということで一般の売価より割増で図書館は本を購入する。そこでただ割増にするだけでなく多くの人が借りだして読んでも破れない丈夫な装丁にした図書館向けのライブラリーエディションを版元が作るというケースもあると聞く。

日本ではこうした妥協策が模索されることは今までなかったが、電子図書館事業に先鞭をつけ、公共図書館向けに電子書籍を納入するに当たって紙の本の1・3倍の価格で3冊分を買う契約を結んだ。この交渉に臨んだのは本書でも取材に応じてくれた丸善CHI社長の中川清貴だった。

こうした電子書籍版ライブラリーエディションの発想は応用が利く。たとえば学校図書館では「課題図書」を設定しているケースが多い。授業などで使う本を指定し、履修者に優先的に貸すのだが、問題は履修者全員に回るだけの大部数を図書館が購入すれば、まさに新刊書の売り上げを阻害する複本問題を発生させてしまうし、図書館側の経費もかさむということだ。そこで授業期間中だけ利用できる電子書籍を履修者数に応じたアカウント数で提供する。時限利用の場合の購入価格は調整が必要だが、おそらく図書費の節約は出来るだろう。一方で電子書籍版を読んだ学生が課題図書の使用期限が終了した後に自腹で紙の本や一般向けの電子書籍を買うこともありえ、図書館は版元や書店とWin-Winの関係を作ることもできるはずなのだ。

もうひとつ、DNPだからこそ積極的に進められる電子書籍の提供の仕方がある。2014年末にDNPはミステリーなどの名作シリーズを最初からダウンロードして仕込んである端末機を「ｈｏｎｔｏ　ｐｏｃｋｅｔ」の名称で販売開始した。これは電子書籍でありながら紙の本に近い。それは電子書店に会員登録をして自分でコンテンツをダウンロードする作業が不要で電源を入れたらすぐ読めることだけでなく、ビューア機器の形状やサイズが文庫本と同じになっており、紙の本の装丁風のパッケージに入れられているので書棚に収め易いし、紙の本を持つのに近い所有感も演出できる。パッケージ作りは実際に本を作る作業に当たってきたＤＮＰのお家芸であり、ここでもアマゾンのキンドルに出来ないビジネス展開を狙う。

## ＤＮＰの家計管理ソフト

ただ、書籍の世界の科学化に危うさも伴うことは付言しておきたい。たとえば科学的分析が遅れていた出版の世界でもさすがにその著者の過去の作品がどれくらい売れて来たか程度のデータは参照されているようだ。それが編集企画会議に参考資料として出されると、失敗を恐れる経営者はよく売れている書き手の新刊企画を支持するが、売れない書き手や無名の新人の企画を避けがちだという。映画でヒット作の続編ばかり作られるのと同じ構図だ。これもひとつの科学的対応だろうが、過去の実績がないという理由で本当は世に問われるべきだった出版企画を闇の中に葬ってしまうこともあろう。過去データを参照するなどというつもりはない。ただ前例のない新しい企画をきちんと評価できるところまで科学的分析を鍛えてゆかないと、かえって出版文化は先細りになってしまうだろう。

そんな認識を持つとＤＮＰの一見、書籍や印刷と全く無関係なビジネス展開が潜在させている可能性が見えてくる——。

レシーピ！というスマホアプリをご存知だろうか。買い物をした時に店で印刷されるレシートをスマホのカメラを使って撮影すると、購入記録を自動的に家計簿に蓄積し、グラフなどで家計管理ができる。加えてスーパーで買い物した時など、購買品の中に食材が含まれると、自動的にその食材で作れる献立レシピを提案してくれるところがその名の由来だ。２０１３年7月に配信を始め、Ｇｏｏｇｌｅ Ｐｌａｙ２０１４年ベストアプリに選ばれるなど評判も高く、15年4月には１６０万ダウンロードを記録している（２０１６年11月現在で２００万ダウンロード）。

この家計管理ソフトはなんとＤＮＰ製なのだ。このアプリが登場した経緯をＣ＆Ｉ事業部ＣＢメディア開発室企画グループリーダーの橋場仁から説明してもらった。

「年末から1月にかけて本屋さんに行くと家計簿が平積みされてますから、今年こそ頑張ろうと思って1冊買って帰る。ぱっと開いた瞬間、食費から日用品に始まり、水道、光熱、ガス、教育費、保険……ものすごい項目数を目の当たりにして挫折するというパターンが多いわけです。そこで家計管理をとにかく簡単にできるように工夫した」

そのためにスマホのカメラ機能を使う。撮影すればレシートに書いてある日付、店の電話番号、買い物の合計金額、費目ごとの単価をＯＣＲ（光学読み取り）で自動的に入力できるようにした。使いたくなるような演出も心掛けた。それがレシピ提案だ。「レシーピ！の中に食材データベースを入れています。レシートの項目を読み込むと文字列と食材データベースをマッチングさせて、卵は食材です、ジュースは違いますと選別していく」。

そして、それぞれの食材に対してスコアをつける。「旬」の食材は高めに、主菜になる可能性の高い肉や魚も高めにというように点数を与え、スコアの高いものから順に掛け合わせて作れる料理を選び出し、レシピを提案するアルゴリズムを用意した。レシピはＮＨＫ『きょうの料理』で紹介されたものを活用しているのだという。

こうして説明を聞けば聞くほどＤＮＰの本業から離れてゆくようだが、アプリが開発された経緯を聞くとミッシングリンクが埋められ、繋がりが見えてくる。

「私たちDNPはオリコミーオ！というネットチラシのサービスを2001年から展開していました」と橋場が言う。ネットチラシは紙のチラシを印刷していた印刷会社がデジタル化の中で手がけ始めた新しいアウトプットだった。しかし競合の電子チラシサービスとの差を埋める対抗策を考えている中で「生活者ひとりひとりに対して8万枚のチラシがあるか1万枚のチラシがあるかは実は関係ないのではと気づいた。私の妻が行く店なんて近隣3店舗だけなんですね。極端な話、その3店のチラシがあればいい。本当に使われるチラシを提供するためにはユーザーさんの購買行動を把握することがすごく大事だと思いました」。

そして考え出されたのがレシーピ！だったのだ。レシーピ！で撮影したレシート情報からは店や買った商品のデータがデータベースに転送、蓄積されてゆく。それは行動範囲内の店のネットチラシを配信するためにも利用できたが、マーケティングデータとしても貴重なものだった。まず一般のPOSデータは企業ごとにクローズドになるが、レシーピ！は消費者の行動記録なので企業を横断してデータが取れる。もしもレシーピ！と同じように個人の行動記録を取りたければ調査会社がモニター会員に対して「毎日買ったものを報告してください」と依頼する方法があったが、レシーピ！の場合、普通の消費者が消費行動を自発的に記録してゆくので「モニター調査だから」と身構えることもなく、バイアスがかからない。こうした特徴からレシーピ！はマーケティング調査向けのデータを収集するメディアとして大いに期待を集めるようになる。

しかし、橋場は収集した情報が企業に役立つだけでは満足していない。個々の購買情報を集積したうえで利用者にもメリットを還元できる仕組みを今後も作ってゆきたいという。「生活者と企業がより少ない力で幸せな生活が送れるようになればいい。大袈裟ですけれど、そういうコンセプトで考えられたのがレシーピ！なんですね」。

## 家計簿データの可能性

それは決して夢物語ではないのだろう。たとえば中村隆英編『家計簿からみた近代日本生活史』（東京大学出版会）が示したように家計簿の細かな記録は個々人の生活の実質を如実に描き出す。ただし明治、大正、昭和の時代に20年以上にわたって家計簿を正確かつ持続的につけていたのは『婦人之友』「友の会」会員に限られていたので、中村の編著では資料数が少ない欠点があった。その点、レシートを撮影してデータを蓄積してゆくレシーピ！は簡便さゆえに家計簿データをより広く残すことを可能とする。また少しずつ普及が始まっている「電子レシート」は、レジ機器とスマホ間で通信して購入データを自動的に家計アプリに蓄積できる。こうなれば撮影の手間すら不要になる。

こうして生活の記録が広範囲に蓄積されるようになり、並行してそれを的確に解析するビッグデータ利用法が確立されてゆけば、社会の価値観の緩やかな変化を浮き彫りにすることもできるようになるかもしれない。

そうした分析結果は様々な領域で役立つだろうが、たとえば未来の出版企画に生かせれば——、ただ過去の購買傾向の延長上に新刊書を出せばそこそこ売れると予測するような稚拙な科学的対応ではなく、新しい社会の予兆を踏まえてそれを先取りする企画を立てることも可能になるだろう。レシーピ！は、科学なき出版の世界に本格的な科学的思考を及ぼす基礎データを蓄積するかもしれない。

橋場は早稲田大学の教育学部出身で心理学を専攻。DNP入社後はiモードサイトの企画開発などに携わり、企業の販促キャンペーンの立案・実施に関わってからレシーピ！開発部隊を立ち上げた。トゥ・ディファクト社長の加藤もIT系の研究開発戦略部門に所属した後にベンチャーキャピタルへの投資やM&Aに関わり、「印刷は一度も経験していない」と言う。

実際、「消費者相手のB(usiness) to C(onsumer)の仕事は企業間のB(usiness) to B(usiness)の仕事と全く違う。やり方も違うし、スピードも違う」と加藤が認めるように、かつて印刷会社として企業と取引していた頃のDNPにはありえなかった新しい事業展開には、古い因習に縛られない柔軟な発想や機敏な対応力が必要なのだろう。DNPの新規業務について取材していると、インクの匂いを感じさせないスタッフに多く巡りあうのは決して偶然ではないはずだ。

だが一方で加藤は「最近のDNPの変化は随分思い切った話なんだとは思いますが、DNPの作ってきた文化と一緒になることで本当に創造的で競争力のある企業文化が作られるのだろうと考えています」とも述べていた。ハイブリッド戦略の中心に依然として紙の本が位置づけられるように印刷技術は多角化するDNPの核であり続けている。

次章では、そんな印刷技術のまさに核心に位置づけられる「文字」という原初的なメディアにして原初的なコンテンツを通じてデジタルの時代の書物の命運を考察してみたい。

# 第四章　活版印刷が消えた日

## 活版を止める時間差

１９７８年3月11日は日本経済新聞社が活版印刷で新聞を作った最後の日だった。本書はその日の描写から書かれ始めている。そして、それから14年後の１９９２年6月11日。京都の老舗印刷会社である中西印刷が活版印刷を止めている。今回は両者の間に横たわる時間差について考えることから書き始めてみたい。

圓城寺次郎専務(当時)率いる日経が活版印刷から電算写植ＣＴＳ(Computer Typesetting System)への移行に素早く取りかかれた理由を、思いつくままに数え上げてみる。まず新聞の場合、使う漢字の範囲に自ら制限を課していた。戦後の新聞界は政府が１９４６年に告示した１８５０字からなる当用漢字表の範囲での紙面作りに努めており、１９７

3年に内閣が「当用漢字音訓表」と「送り仮名の付け方」の改定を告示した時にも、新聞用語懇談会が「社会一般の慣用度が高く、適切な言い換え、書き換えがない」として従来使用してこなかった漢字25字の使用を新たに求めるに留まっている。つまり新聞で使用される漢字の主な字種は日経新聞が紙面製作の電算化に踏み切った時点でも187 5文字だった。この範囲の漢字であれば既に手動の写植平版印刷でも十分に対応可能であった。

そして新聞の場合、紙面印刷の美しさはもちろん必要条件となるが審美的な域に達することまでは求められていない。プレス工程（後に報道＝プレスの語源になる）を含む活版印刷独特の描線のキレは写植ではなかなか出せなかったが、それは新聞社の主戦場ではなかった。

こうしてみてゆくと新聞社が活版にこだわる理由は組版スタッフの処遇以外に特になかったのだ。逆に活版からの離脱を積極的に求める理由は多々あった。日経新聞のような大手全国紙は取材から記事製作、紙面作り、そして印刷と全国の販売店への配送までを一貫して自社で扱う「完結型」組織だ。自社の経営判断として決定できる印刷工程のCTS化によって製作時間の短縮が図れればぎりぎりまでニュースを待てる。製作コストが安上がりになれば経営上有利となるし、記事データを蓄積できれば、二次使用の可能性も広がる。その際——これは案外と大きかったのではないかと思うのだが——新聞《ニュース》を読者に届けるというメディアの特性上、旧聞となった過去の紙面を増刷したり、復刻する必要性は少ない。これも過去の印刷方式にこだわらずにいられる理由になった。

ここで数え上げた、日経新聞を電算写植化へ踏み切らせた理由は、中西印刷にとっては全て裏目に、つまり電算写植化になかなか踏み切れなかった理由となる。

『中西印刷歴代史』（2009）によるとその分家独立は慶応元年（1865）。明治3年に寺町六角下るで書肆《しょし》として営業を始め、木版印刷も手がけていたという。京都府の刊行物は明治7〜8年に木版から活版印刷に変わっているが、この時期に中西印刷も活版印刷を始めたと推測される。

その長い歴史に裏打ちされた活版印刷技術は第二次大戦後に本領を発揮する。中国大陸からもたらされた大量の文献の整理が始まり、京大では人文科学研究所をはじめとして多くの部局が研究報告や調査報告書を刊行した。印刷には膨大な種類の漢字が必要で、全てが旧漢字である。「漢字はなるべく簡単に」という戦後の風潮と真逆を行く要請に対して京都の印刷所はよく応えた。空襲を免れたために戦前の活字棚が残っていたのだ。

中西印刷も学術出版の仕事に追われていたが、後に第六代社長となる中西亮はそれだけでは満足いかなくなってゆく。当時、京大助教授だった西田龍雄との出会いは大きかった。西田は蒙古によって滅ぼされた西夏《せいか》が用いていた文字を研究し、幾つか論文を発表していたが詳しい解説書を出版できずにいた。漢字とはまるで異なる体系を持つ西夏文字の活字を持つ印刷会社は皆無で、新たに特殊文字として鋳造しようにも困難が伴った。大手印刷会社が一度は請け負いつつも結局は音を上げて手放した西田の『西番館訳語の研究』の印刷に中西亮は挑み、70年に刊行にこぎ着けている。

以来、亮は世界中の文字を情熱的に訪ね歩くようにもなる。亮が重視したのはその文字を使って新聞が発行されていたかどうか。新聞が出ていた事実はそれが広く流通していた証であろうと考え、その文字を記録蒐集した。こうした活動が『世界の文字』（1975）、『世界の文字をたずねて』（1982）、『文字に魅せられて』（1994）といった書籍にまとめられている。稀代の文字蒐集家によって経営された中西印刷は「どんな文字でも印刷できる」と言われ、亮自身もそれを誇りにしてきた。

そんな中西印刷がどのような経緯をたどって活版印刷を止めるに到ったのか。日経新聞社の活字が終わる日は杉山隆男が『メディアの興亡』に書いたが、中西印刷の「活字が消えた日」を記録したのは亮の長男の中西秀彦だった。秀彦は京都大学文学部で心理学を専攻。統計データ処理機として脚光を浴びていたコンピュータと出会い、その可能性に魅了される。東京のマーケティング調査会社に入ったが、85年に社長に就任した父から「中小企業だけどうちに戻ってくるか」と勧められ、帰京し、中西印刷に入社することになる。

「思えば、すべては親父の深慮遠謀だったのだ」。後に秀彦は著書『活字が消えた日』(晶文社)で回顧している。亮は学術出版印刷のような多数の漢字や高度の組版技術を要する仕事は活版でしか対応できないと考えていたが、一方で小説や評論のようにただ文字を並べるだけの仕事であれば電算写植でいいのではないかと考えるようになっていた。そうしなければコスト的に他業者に太刀打ち出来ない事情もあった。86年の5月にデュッセルドルフで開催されていた印刷機材の総合見本市「ドルッパ」に視察に赴いた亮は帰国後、コンピュータグラフィック社製の欧文電算写植システムを日本語化したコンポテックスの導入を決意する。

そうした英断を下す一方で、亮は印刷の王道はやはり活版であると考えていた。確かに印刷品質でいえば、当時の電算写植は活版に遠く及ばなかった。そこで亮は活版印刷を近代化すべく、活字を自動的に鋳造し、文選を行う「モノタイプ」にワープロのような編集機を組み合わせられないかと考えていた。校正を済ませてもう直しがないというところまで編集機上で作業し、モノタイプで印刷を行えば活版印刷の工程が画期的に省力化される。いってみれば電算写植ではなく「電算活版」である。

こうして活版印刷を生きながらえさせることを期待し、コンピュータ技術に通じた秀彦に未来を託そうとした。しかしその夢は叶わなかった。潮目は既に変わっており、活版に関わる新規技術開発には市場性が認められず、機器メーカーの協力は得られなかった。やがて活版印刷を新しく蘇生させるどころか、部品の欠品によってその継続すら困難を来すようになってゆく。

こうした状況の中で、秀彦は活版を潔く中止し、電算写植にリソースを集中することを亮に提言する。当然、亮は首を縦にはふらない。

「中西印刷にはどんな文字でも揃てるいうのが自慢やし、お客さんかてそれをあてにしてきやはる。これだけは金でいうてるんやない。たいそうに言うたら文字文化の火を消すことになる。わしはそんなことがまんならんのや」(『印刷はどこへ行くのか』晶文社)

そう語る父親の気持ちが秀彦にはよく分かった。5万にも及ぶ活字字種が中西印刷をライバル会社と差別化する強みなのだ。それに新聞印刷と異なり、出版物は時とともに価値を摩滅させるとは限らない。時を経てなお価値を失わない出版物も少なくないし、時代を超えてむしろ価値が再発見されることもある。そのため増刷、復刻に備えておく必要がある。中西印刷が携わってきた、特殊文字を大量に含む印刷物を電算写植で復刻することは当時はまだ不可能だった。

だからこそ息子は父に約束した。「今は活字を廃棄せなしゃあない。そやけど、いまうちにある字は何年かかっても、電算写植の中によみがえらす」。その言葉に亮もようやく納得する。「わしが一番心配やったんはそれなんや。印刷はな、ただの産業と違うねん。文化を支えてるんや。わしやおじいちゃんやひいおじいちゃんは、伊達や酔狂で活字を集めたんちゃうで。この一本一本の活字が積み重なって文化をかたちづくると思えばこそや。そら、電算写植や平版やいうて、合理化していってもええやろ。そやけど、合理化して近代化して、前より文化の水準を下げてしもたらなんにもならん」。

こうして活版の廃止は決まった。活字が消える日はこうした親子の対話から1年2ヶ月経って訪れた。秀彦が『活字が消えた日』に書く。

「今日がその日になるやろか」
そのころ、毎朝それを工場長に確認するのが日課になっていた。昨日は「その日」ではなかった。しかし、もう今日か明日かというところまで来ているのはあきらかだった。（中略）
つゆの最中とはいえ、京都の夏は暑い。その日、つまり中西印刷で百年間つづいてきた活版の最後の一ページが組み上げられる日は、一九九二年六月十一日ということになった。

中西印刷が最初に活版印刷を請け負った京都府公報の印刷が最後の仕事になった。公報は訂正が多いうえに納期までの時間が短く、最後まで電算写植化が遅れていたのだ。


「……これで最後か。なんや実感がわかんなあ」

親父がつぶやいた。立ち合ったのは、わずか五人ばかりでしかなかった。

「活版にもいろいろ苦労しましたけどなあ。まあ、これも時代ですわ」

工場長があきらめたように言った。

「本が終わりましたね」

それから23年——。かつて活版印刷に引導を渡した中西秀彦は、今、何を考えているのか。京都府庁に近い下立売通小川に中西印刷を訪ねてみた。

「本が終わりましたね」。活版以後について尋ねると、中西は開口一番そう答えた。「活版が終わったときに、実は本は終わっていたんですよ」。

原稿用紙に書かれた手書きの文字はそのままでは一般読者には読めない。職人が活字を拾って並べ、紙に印刷して初めて読者に届く「情報」になる。そうしたプロセスの秩序が電子技術の時代に崩れる。ワープロやDTPの画面は印刷への中間過程ではあるが、画面上でも読もうと思えば「情報」が読めた。こうして紙が情報を載せるメディアである唯一性、必然性が薄れてゆく。

それならば紙ではなく画面で読んでしまえばいいではないか。その最初の試みがいわゆるCD-ROM書籍だった。しかし、CD-ROM書籍と紙の本は読まれ方こそ水と油であったが、それでもまだ共通の特徴を持っていたのだ。そこに含まれていない情報は読めない。あるものはあるが、ないものはない。こうしたごく当たり前の話が通じるのは本とＣＤ-ＲＯＭが確かな「輪郭」をもった情報パッケージだったからだ。情報を束ねてパッケージする作業が「本」的だとするならばＣＤ-ＲＯＭ書籍はまだまだ「本」であった。

ところがインターネットの普及によって当たり前が当たり前でなくなる。リンクを辿れば幾らでも「外」の情報につながってゆけるウェブページにパッケージメディアとしての完結性はない。

「最初は電算写植に踏み出すといっても、本のつくり方が変わっただけで、その後、５００年ぐらいは電算で本をつくるという時代になるのだろうと思っていたんです。でもそれが20年たってみると、電算で本をつくるというのはあくまでも過渡期の現象だったんだなと気づいた」

中西に「気づき」をもたらしたのは学術系のオンラインジャーナルを扱う経験だった。

「うちは学術書と学術雑誌の印刷がメインなんですけど１９９０年代の終わりぐらいに海外の学術誌はどんどんオンライン化された。最初の頃はオンラインは紙の補完で検索のし易さがその存在価値だと考えていました。けれど２００５年ぐらいから紙での発行をやめる学会が増えてきたし、最近では初めから紙なしで学会誌を創刊するのが普通になってきた」

そうした動きをみて、もはや紙への印刷を「主」と考えるのを止めようと決意した。中西印刷は学会事務代行も業務のひとつとしており「まだ紙の雑誌を出していた学会に紙を止めてオンラインだけにすれば財政は楽になりますよと働きかけて、オンラインジャーナルを製作する仕事を募ったら受注が続々と集まった」。

ただコスト的な有利さを謳うだけではない。かつては紙面上で読み易くする技術を積み上げてきたが、今度はオンラインで読み易さを実現しようとした。そのためには紙の印刷を中心に考える固定観念から離れる必要がある。「オンラインではページという概念がないんだから、紙に印刷していた頃のようにページ単位の組版の美しさにこだわっていてもしょうがない。リンクがたくさん貼ってあって、クリックすると引用文面に飛んで元のデータがざーっと現れるとか、そういう仕掛けにものすごく注力しています。つまりＸＭＬ（註：eXtensible Markup Language の略。文書の中のデータに意味を持たせて構造化することに向いている記述言語。ウェブ上での情報提供のかたちを様々に変えたり、印刷物、電子資料など様々に出力できる）で徹底的に構造化された組版をすることなんですが、そのノウハウでうちは日本で多分トップを走っていると思いますよ」。

ページという概念を捨てる――これはおおげさにいえば天動説が地動説に取って代わられるようなものではなかったか。グーテンベルクの活版印刷物は既に十分な美しさを湛えていたと評価されるが、その洗練を更に極めたのはビクトリア朝イギリスでアーツ・アンド・クラフツ運動を率いたウィリアム・モリスだった。モリスが晩年にロンドン西郊に設立した印刷所ケルムスコット・プレスで作られた『チョーサー著作集』は「世界でもっとも美しい書物」と讃えられる。自らの造本観を示した講演「理想の書物」でモリスが重視していたのは余白の取り方だ。字間の白、版面周囲の余白を適当に取ることが美しい本を作ると彼は考えていた。モリスはページ単位の見映えで本の在り方を考えている。これは紙の印刷に関わる者に共通する姿勢でもあった。しかしウェブというメディア上で展開される「学会誌」は「本」というパッケージで刊行されていた頃のページ単位での整然として優美な風情を求めない。

## 電子書籍時代のビジネスモデル

紙の本の時代の常識が、通用しなくなったのは組版においてだけではない。

「今、学術雑誌はみんなオープンアクセスになりつつある。無料でネット上に公開されており、読む方は経済的な負担なしに読める。ではどうやって製作費を捻り出すかといえば、大学の先生が投稿料を払っているんです。読んでもらいたい人がお金を払う。情報を得るものが金を払う、情報を渡すものが代価として金を貰うという今までの常識とは方向が逆になっている」

しかし、こうしたビジネスモデルは研究機関に所属する研究者だからこそ受け入れられる側面がある。論文の刊行には自腹を切るが、そこで評価が得られれば研究者としてより高いステイタスに登って行ける。結果として多くの研究費が得られ、高額の収入が約束されることもあろう。論文を自費で刊行しても経済はうまく回っているのだ。その点、専業の物書きの場合、書いたものから収益が得られなければ職業として成立しない。同じ画面上で読むコンテンツであっても一般の著者の電子書籍は、学者たちのオンラインジャーナルと異なり、今はまだ紙の本を「模倣」している。紙の本で刊行された内容がそのまま電子書籍化されることが殆どだし、紙の本と同じく読者の側が対価を支払ってそれを読み、著者は印税収入を得ている。

そこにも変化は否応なく押し寄せるだろうと中西は考えている。「金銭の対価基準としてダウンロード数を対象とするとき、恐ろしい事実が印税の仕組みを根底から覆すだろう」。『我、電子書籍の抵抗勢力たらんと欲す』（印刷学会出版部）の中で中西はそう書いていた。

在庫を持つときに倉庫のスペースを必要とする紙の本と異なり、電子書籍は単なる「情報」なので在庫を持つコストが皆無に近い。だから今後見込まれる売り上げと倉庫代の損得勘定をしたうえで在庫を絶版処分にする必要が生じない。紙の本が少し古くなると新刊では買えなくなってしまうことを残念に思う読書家は、電子書籍に絶版がないことを歓迎する。

だが、そこで冷静になって考えて欲しい。「いつでも、どこでも電子書籍が手に入るとなったら、あなたはそれをいつダウンロードするだろうか？」。本当に読む必要が生じ、読むための時間が得られた時にＰＣやスマホ、読書端末からオンラインで買えばいい。紙の本を買う時のように、ベストセラーとなって一度売り切れてしまうと手に入るまで時間がかかってしまうから今、買っておく。今、買っておかなければ絶版になって買えなくなるかもしれないのでとりあえず手に入れておく……等々の理由で、あらかじめ入手しておくという予防措置は電子書籍の時代には不要となる。

買ってすぐ読む本と、今は読まないのに買っておく本の比率は人によって違うだろうが、読まれずとも買われている本まで含めた売り上げが出版界を支え、一定の印税収入を作家にもたらしていたことに間違いはない。そうした余剰分を含めて出版の世界は成り立っていたのであり、専業作家という職業が成立していた。今後、必要な時にだけ電子書籍をダウンロードして買う習慣が一般化したら、そうした経済の仕組みは変わらざるをえないだろう。その意味で電子書籍は紙の本の代替にならないどころか、絶版がなくなった電子書籍が本の命運を絶滅させてしまうかもしれない……。

「活字が消えた日」以来、老舗印刷会社の専務として、またコンピュータと本を愛好する者の一人として、新しい電子書籍化の動向を見守ってきた中西は、電子の本が紙の本の代わりになると安易に夢見る傾向に警鐘を鳴らしてきた。電子書籍は紙の本の売り上げ低下、市場縮小の流れを逆転させる救世主にはならない。

ただ過剰な期待は馬鹿げているが、過剰なペシミズムも有害だ。ここは浮足立たずに事態を静観していた方がいい。

「減った減ったと言っても出版の市場規模は今はまだ最盛期の60％ぐらいはあるわけでしょう」。中西が言う。「たとえばバブル経済直前ぐらいの水準に戻ったと考えれば、1980年代に特に出版が危機的状況だったわけではないし、この減り方でゆけば、あと

30年、40年は持つでしょう。その間に情報に関する新しいマネタイズの方法が出てくるかも」。

確かに電子書籍のマネタイズの新しい試みとして「読み放題」と言うかたちで提供される定額サブスクリプションサービスが始められている。ネット動画や音楽の配信サービスで先鞭を付けられた定額サブスクリプションサービスでは、個々の本を買うのではなく、読みたくなったらいつでも読める権利を買う。紙の本と違って、「いま買っておかないとなくなるかもしれない」という焦りが購買を動機づけない電子書籍にとって、定額サブスクリプションサービスはより適性の高いマネタイズ方法かもしれない。

ただ印税による利益還元方法との接続の仕方は色々検討しなければならないことが多いし、下手すると定額料金の安売り競争に陥り、共倒れする可能性もあろう。拙速に定額サブスクリプションサービスに踏み出すのではなく、どうすればコンテンツを生き残らせられるかという観点から、中西のように数十年単位の時間スケールの中で考える姿勢が本来であれば望ましい。

こうしてゆったり構える姿勢は「前の戦争」と言ったら応仁の乱と答える京都らしい時間感覚の賜物か。ただそんな中西でも今、気になることがある。それは専業作家の未来ではなく電子データ化の方法だという。

「国立国会図書館の研究がありますが、1990年代につくられた電子データはもう97％読めないらしい。ＯＳも変わっているし、デバイスドライバーがないといった問題がある。電子データってすごく危ないんですよね」

紙に書かれた文字は読み手に特別な道具を求めなかった。視力さえ無難ならば誰にも読めた。そんな文字は人類の歴史に寄り添って存在し続けてきた。しかし電算化された文字はそれを読む特別な道具を必要とする。だから道具の側の変化で脈々と続いてきた文字の歴史が断ち切られてしまうことがありえるのだ。「今、下手なものを作ると千年後、二千年後の人間にバカにされますよ」と中西は言う。「電子本の黎明期に非常に下手な電子化がなされたおかげで過去の文献が全て失われてしまったと」。

中西は活版印刷で受けていた仕事を徐々に電算写植に移し替えていた時の経験を語る。

「あの時は活字の職人さんの漢字の知識が本当に役に立った。彼らは中卒だったりするけれど、仕事で経験を積んで漢字が体の中に染み込んでいるんです。だから京大の人文研の偉い先生が書いた原稿でも〈うーん、この漢字はないと思いますよ〉というようにチェックを入れられた。電算写植の当初はＪＩＳ漢字しか使えず、ちょっと難しい字になるともうお手上げだったので、うちは全部、活字の清刷りからスキャンして写植に使えるようにしていったんですが、そこで活字職人さんの力が生きましたね」

中西が学術論文として上梓した『学術出版の技術変遷論考』（印刷学会出版部）にはコンポテックスの外字作成ソフト「ロゴスタジオ」を用いてシステムに実装されていない文字を取り込んでゆく作業について触れている箇所があるが、スキャンした文字型が正確かどうかの確認から始まり、それがどの漢字の異体字なのかといった知識も含めて継承されなければ活版印刷のノウハウを電算写植の時代に受け継いだとは言えないだろう。ＯＳやデバイスドライバーの互換性以前に同じ文字が技術の世代交代を超えて同じように使えることがなにより大事。「文字は一つの生命線」だと中西は言う。

活版の停止を決めた日に父と交わした約束は、ただ親子の間だけのものではなかった。それは文化を継承するための約束だったのだ。中西が用いた比喩の印象が鮮やかだった。「僕は熱帯魚を飼っていますが、グッピーというのは1年もたずにたいていが死ぬんですよ。しかし子孫を残す。愛好家の間でグッピーは〈飼う〉と言わないんですね。系統を維持すると言う。犬を飼うときのように一つの個体に対して愛情を注ぐのではなく、系統を維持することに愛好家は情熱を注ぎます。僕もたまたま中西印刷という系統の中にいて、系統を維持する役目を果たしているのではないかと思いますよ」。

## DNPの遺伝子「秀英体」

中西印刷より更に約10年遅れて、大日本印刷（DNP）も2003年に活版印刷を止めている。

昭和四〇年代の半ばには、鉛や熱を使わず、コンピューターによって組版を作る方式（コールド・タイプ・システム）が発展するなかでも、グループ会社の和幸社が活字の鋳造を続けていた。その後、活版印刷そのものの需要が減退し、また、活字を拾って組版を作る技術者も激減するにしたがい、活字鋳造の先行きは極めて厳しいものになってきたため、平成一五年（二〇〇三）三月、活字の鋳造を中止することになった。ここに明治一四年以来、一二〇年余にわたる当社の活字鋳造の歴史は幕を閉じることになった。

その終焉は早くから織込み済みだったし、多角化を遂げてきたDNPにとってこの時期の活版印刷事業の規模が極めて小さくなっていたことは想像に難くない。ただ鋳造の中止のみに言及する『大日本印刷百三十年史』の記述は余りにも淡々としており、やや不思議な感もある。

DNPの活版印刷といえば「秀英体」を抜きにして語れない。秀英体とはDNPの前身として1876年に創設された印刷会社「秀英舎」が1881年に自家鋳造を始めた書体である。活版鋳造が幕引きを迎えることが明らかになった時、DNPは活字・印刷史の研究家である片塩二朗《かたしおじろう》に秀英体の調査研究を委託。700ページ余に及ぶ報告書は『秀英体研究』としてDNPが活版鋳造を終えた翌年に上梓されている。そこで片塩は延々と開発を続けてきた結果、「秀英体は、本来の姿ではなくなっている」ことを指摘し、「この報告書をきっかけに、これからのDNPを担う若者達による秀英体の再生を願う」と書いていた。その言葉を受け、経営陣は秀英体を時代の要請に適合させつつ、歴史を正しく受け継ぐ形で改刻することを決める。それは片塩の報告書から言葉を引いて「平成の大改刻」と呼ばれるプロジェクトとなる。

「平成の大改刻」

改刻はどのように進められたのか。五反田のDNPのC&I事業部を訪ねて秀英体開発室の高橋仁一室長とシニアエキスパートの伊藤正樹に話を聞いてみた。

まず、秀英体とはそもそもどのような書体なのか。高橋によれば「秀英明朝を見分けるポイントは〈い〉〈こ〉ですね。画が繋がっています。同じ明朝でも色々なスタイルがありますが秀英体は筆書きの印象を残す、どちらかといえばクラシックな書体です」。

本書を読んでいる読者よ、今、眼の前にある文字に刮目されたい。これこそが秀英明朝である。

東京でいち早く金属活字鋳造を行ったのは東京築地活版製造所で、そこで作られた活字は築地体と呼ばれていた。東京築地活版製造所は長崎で通詞を務め、アメリカから活版印刷術を学んだ本木昌造の弟子であった平野富二によって創業され、印刷業を営むよりも活字の販売を主としていた。秀英舎も当初は築地体の活字を購入して印刷を行っていたが、必要が生じるたびに東京築地活版製造所に重い鉛活字を買いに走るのは大変で、創業5年後には活字鋳造機を入れて自家鋳造を始めている。徐々に鋳造する活字サイズを増やし、明治末には多彩なサイズの活字を揃えるに至った。こうして秀英舎製「秀英体」が築地体と並んで「和文活字の二大潮流」と呼ばれるようになった。

秀英舎が日清印刷と合併し、大日本印刷に社名が変わった後も秀英体は会社のシンボル的な存在であり続けた。印刷に関わる会社はそれぞれ自前の活字を所有し、たとえば朝日新聞であれば朝日新聞明朝があったが、大日本印刷といえば秀英体であり、縦書きの筆使いの雰囲気を残した書体を見れば大日本印刷で印刷されたことが分かった。

秀英体の歴史は日本の近代印刷史そのものである。戦後まもない1948年には母型彫刻機を導入、50年には機械彫りによる新しいA1明朝が開発された。70年代には写植用フォントの開発を始め、写研、モリサワへの秀英体のライセンス提供を始めている。CTS化への対応も進めて76年にはビットマップ作成に着手。翌年には秀英体初のデジタルフォントがお目見えしている。

78年には日本語ワープロ第一号機が東芝から発売され、他メーカーもその後に続くことが予想されたため、情報交換用漢字符号系（通称78JIS）が制定されている。書体は印刷会社が自社内のみで扱うものではなくなった。こうした状況を踏まえて工業技術院の主導により日本規格協会に文字フォント開発普及センターが設置され、横組みにも縦組みにも適し、拡大と縮小に耐え、低解像度の電子機器画面上で見易い特徴を備える「平成明朝」が１９８９年に開発されている。

秀英体もこうした時代の変化に対応するべく92年には秀英ゴシックを作っている。95年には『ＣＤ-ＲＯＭ版新潮文庫の１００冊』表示用として秀英ＴｒｕｅＴｙｐｅフォントを開発。21世紀に入ってからは携帯電話画面で読むためのフォントの提供も始めた。

しかし、技術変化への対応に次々に追われてきた結果、増築、改築を繰り返してきた温泉旅館さながらに、秀英体のアイデンティティが定かではなくなってきた。そこで秀英体らしさを改めて確認しつつ、あらゆるメディア上に展開しうる書体作りを目指した本格的なリニューアルが図られる。それが「平成の大改刻」であり、２００５年から7年をかけて全10書体延べ12万文字の開発を行った。

たとえば秀英体といえば長く明朝であったが、デジタルメディア上で使われる場合にはゴシック体こそ読み易さにおいて標準的になると考え、改めて秀英ゴシックを作り直した。角ゴシックは見出しと横組みに適した「金」、本文用に用いられ、縦組みを意識した「銀」の2種類を用意する。「金」は横組みで見やすいように文字の上下ラインを揃え、組んだ状態で字間が均一に見える。「銀」は「い」「こ」が繋がる一筆書きの名残は無くなったが、秀英明朝の骨格を用いて仮名を小ぶりにすることで、縦組みで読みやすいようにしている。こうした角ゴシックに加え、要望に応えて秀英体の従来のイメージからはかなり遠い丸ゴシックも開発した。

「秀英体という枠はもちろんあるのですけれども、その中での多様性にアプローチしてみる試みでした。おかげさまでこの丸ゴシックは評判がよくて、モリサワさんを通じて販売していますが、色々なところに使われています」と伊藤が言う。

明朝体は横線が細いのが特徴だったが、画面上に表示されて弱い印象を持たれないように横線を1・6〜1・8倍まで太くした横太明朝も新たに作成した。この横太明朝はｈｏｎｔｏの電子書籍ビューアで使われ、ＤＮＰの電子書籍の標準フォントとなっているし、社外ではスクウェア・エニックスのゲームでも採用されている。

『大日本印刷百三十年史』の中で、活版印刷の終焉についての記述が淡泊なのは、こうした「平成の大改刻」への着手が既に始まり、「ＤＮＰのＤＮＡ」である秀英体を新しい時代の中に継承させてゆく目処が立っていた時期だったことと無関係ではないのかもしれない。印刷技術としての活版が終わっても印刷されていた実質である秀英体は残った。決して万事休すではないのだという安堵感がその記述を淡泊にしていたのではないか。

１９７８年、１９９２年、２００３年……それぞれの「活字が消えた日」はそれぞれ別の文脈の中に位置づけられる。しかし中西印刷もＤＮＰも継承を重視する点では共通する。その姿勢には多様性と同一性の両立について考えさせられる。たとえば詩の表現は無限にありえる。ただしその多様性を担保しているのは、それぞれの詩で共通に使われている文字の同一性である。そもそも文字の同一性が保証されていなければ言葉の意味は多様に広がることなく、ただの混沌と化す。同一性を保証された文字こそが、意味を運ぶ原初的なメディアになる。今ではコンピュータで使いやすいようにそれぞれの文字にコードが与えられているが、そのコード体系に矛盾があったり、新しい体系に変わるときに正しく継承されなければ、文字の同一性は保持されず、表現はバラバラになる。文字はまさに生命線なのだ。

そしてそんな文字に最初の表情を与えるのが書体デザインだ。

「文字で表すときに書体は声のかわりになるとでも言いますか、どのアナウンサー、ナレーターが話すかによって伝わり方が変わりますよね。それと同じで書体によって読者への伝わり方が変わる。だから書体は重要なのだという考え方はＤＮＰの創業時から一貫したものだったと思います」。取材の席で秀英体開発室の伊藤がそう語っていた。書体の見映えは、声のトーンと同じく文字が自らに乗せて伝える最も原初的なコンテンツとなる。様々なディスプレイ環境の中に置かれて読みやすく、美しい書体を目指して字画を整え、余白との配分を模索してリデザインされた秀英体には、モリスが本に投影した理想のミクロな実装がある。

本の時代が紀元二千年紀と共に終わり、次の千年紀はネットの時代として幕を開けた。今やコミュニケーションはパッケージに収まることなくネットを介して縦横に繋がってゆく。本のかたちに慣れた感性のフィルターを経由すると、それは至る所に穴が穿たれて朽ち果てたパッケージの残骸が累々と連なる荒野の光景だと見える。

だが原初的なメディアであり、原初的なコンテンツでもある文字に注目すれば、パッケージを超えて様々な場所に散種されたフォントが縦横に菌糸のようなリンクを貼り巡らせ始めている光景としてそれを見ることもできよう。こうした文字の連なりの先に新しいメディアが生まれ、本にかわる新しいコンテンツが育まれるのだろうか。もう少し状況を見てゆきたい。

## コラム①――無重力化する「文字の霊」

中島敦に「文字禍」という奇妙な短編小説がある。

初出は1942年なので第二次大戦中の作品だが、舞台は古代アッシリアと時局から超然と離れている。

図書館の中で誰もいないはずなのに話し声がするという噂を聞きつけたアッシリアのアシュル・バニ・アパル大王は、「文字の霊」が実在するかどうか確かめる命令を、自分の家庭教師を務めたこともあるナブ・アヘ・エリバ老博士に下す。

博士は日ごと図書館に通いつめ、万巻の書に目を通しているうちに不思議な感覚に囚われる。「一つの文字を長く見詰めている中に、いつしかその文字が解体して、意味の無い一つ一つの線の交錯としか見えなくなって」来たのだ。そして博士は単なるバラバラの線に、一定の音と意味を持たせているものこそ文字の霊だと考えた。

では文字の霊はどのような作用をしているのか。博士は最近になって文字を覚えたという者を訪ね歩き、様子を聞いて回る。すると「空の色が以前ほど碧くなくなった」とか「女を抱いても一向楽しゅうなくなった」とか、それぞれに文字の霊の仕業と思われる症状として勝手なことを述べる。

　そんな、どうにもらちのあかない調査をしているうちに博士自身の精神に変調の兆しが現れて来る。文字がバラバラの線に見えたのと同じように、一軒の家をじっと見ているとそれが家という統一を失い、木材と石と煉瓦のバラバラの集合に見えてくる。人間を見ても同じで、みんな意味のない奇怪な形をした部分部分に分解されてしまう。すべてが今までの統一された意味を失い、疑わしく感じられるようになる。このままでは正気を失ってしまうと恐怖を感じた博士は、文字の霊がいかに悪さを働いているかを報告する書状を適当にでっちあげて大王に提出、手っ取り早く研究を終えようとした。

　この博士の行いに文字の霊が怒った。大王に働きかけて博士を謹慎させ、博士が自宅の書庫にいた時に地震を発生させて書籍——重い粘土板だ——の下敷きにして圧殺してしまうのだった。

　この「文字の霊」とは「文化」の別名に他ならない。ただの線のつながりを、意味を運ぶ記号＝「文字」として認識させるのは文化だ。しかし線の連なりをなぜ文字と認識するのか。その理由を改めてつらつらと考えてみると、博士がそうだったようにそこに合理的な説明は不可能だと気づき、「文化の魔法」はまるで夢でも見ていたかのように消えてしまう。中島敦はそんな事情を寓話として描いた。

電子の技術は、この文字の魔法を解かなかったのか——。実は危ういところだったのだ。日経新聞が紙面電子化を実現するプロセスを描き、本文でも紹介した杉山隆男『メディアの興亡』ではIBMの技術陣が新聞紙面をエンベロップ、グリッド、ベクターの三要素で考えようとしたことが取り上げられている。エンベロップとは文字の流れないところ、写真やカットのエリア。グリッドとは紙面上の位置。ベクターは線を意味していた。エンベロップで除外されたところにグリッドで位置を定め、線を引く。線は罫線にもなるし、文字になって見出しにもなる。IBMのアメリカ人技術者は日本語の文字を解さなかったので、線の組み合わせとしてそれを扱う発想を持った。日本語に通じていない彼らに文字の霊の魔法は効かなかったのだ。

結果としてIBMが作り上げた新聞紙面製作システムでは罫線に文字が載ったり載らなかったりする自由自在なレイアウトが可能な柔軟性を備えるに至った。しかしその自由自在さは文字自体を線の繋がりに解体するまでには至らなかった。なぜか。大日本印刷や中西印刷の歴史が示すように膨大な文字種を扱ってきた印刷技術の蓄積があり、それを生かす方が合理的だったのだ。

日経と組むにあたってＩＢＭが最初に採用を考えたSystem 360が８ビットのコード化文字セットであるＥＢＣＤＩＣ（Extended Binary Coded Decimal Interchange Code）を用いており、日本語の文字体系にも対応できたことも大きかった。

そんなわけで文字は解体されなかったが、文字の霊はメディアの物理的重量からは離れたいようだ。文字が記されるメディアは老博士を圧死させた粘土板から木簡・竹簡、羊皮紙、紙へとより軽く、より可搬性の高いものへと変わってゆく。その意味で文字の電子化による重量ゼロ化、どこからでもアクセス可能な遍在化はそれだけ取り出してみればいかにも画期的だが、ＩＴによって突如登場したものではなく、長い歴史の中で用意されてきた必然の結果といえる。そしてそんな変化を通じて「文字の霊」は生き残った。

であれば、確かに中西のいうようにＩＴ時代の変化を近視眼的に見るべきではない。古代からのメディアの変化の中でコンテンツも変容してきた。その先に、どのような未来が継ぎ足されようとしているのか。「文字の霊」は、つまり私たちの文化は、どのようなメディアの上でどのようなコンテンツのかたちを持とうとしているのか。

次章からはよりコンテンツサイドに近いところに軸足を置いた議論をしたい。まずジャーナリズムがどのように変わろうとしているのか見てゆこう。

# 第二部　スマホはジャーナリズムを殺すのか

# 第五章　ソーシャルメディアは何を変えようとしているのか

その名も『インターネット的』と題された新書を糸井重里が出版したのは2001年7月。彼がコピーライティングから『ほぼ日刊イトイ新聞』と題したウェブサイトの運営に仕事の軸足を移して4年目を迎えようとしていた時期だった。

そこには糸井ならではのインターネットへの期待が吐露されている。

「インターネットという新しいメディアの台頭は、たしかに素晴らしく画期的なことだと思います。いままでのメディアが果たせなかったことを、軽々とクリアする能力をいくつも秘めている、とも言えば言えるわけです」

確かにパソコン通信の時代ではありえなかった、世界中をカバーする電子メール網、テキストだけでなく映像や動画、音をも表現可能とし、ハイパーリンクの仕組みを通じて互いにつながってゆくウェブなど、インターネット技術が実現したことは数多い。

しかし……と、糸井は言葉を続ける。「ぼくとしては、インターネット自体よりも、それがもたらす〝インターネット的であること〟に、より可能性を感じています」。そして、おそらく『ほぼ日』を続けて来た実感として「〝人とつながれる〟〝乱反射的につながる〟〝ソフトや距離を無限に圧縮できる〟〝考えたことを熟成させずに出せる〟など、人の思いが楽々と自由に無限に解放されてゆく空間。こういった『情報社会』に生きているぼくたちの身体や考え方、生き方は、どんどん、このようなインターネット的なものになっている」と書かれていた。

糸井自身も後に認めているが、この『インターネット的』は彼の知名度にふさわしい十分な売れ行きにならなかった。それはインターネットをどう使えば儲かるか、仕事がはかどるかといった実用情報が省かれ、もっぱら「インターネット的」に変化した社会の特徴を書いていたためかもしれないし、ＩＴバブルがはじけた時期に刊行されたので、そもそもインターネットという言葉自体の訴求力が落ち込んでいたのかもしれない。

ところが、新書としては稀有な例だが、その評価はむしろ刊行されて10年が経った頃に高まる。ネットと社会の変化が様々に進み、なんだそれなら『インターネット的』に既に書いてあったではないかと、遡及的にその「予言力」が評判になり、２０１４年には文庫版として復刊されるに至った。

「日経ビジネスオンライン」の成功

確かに、たとえば約200万人の会員を擁するまでに成長した日経BP社の「日経ビジネスオンライン（以下NBOと略す）」の成功も、今にして思えば、糸井の指摘の正しさを示す実例だったといえるかもしれない。

「2006年の立ち上げの時はオリジナルコンテンツでやろうという話でしたが、日経BP社はスタッフライター制が基本なので記者はいるけれど著者とつながりがある編集者的なスタッフが少なかった。そこで、当時書籍編集者だった僕が著者を編集部に紹介しました」

東京・白金の日経BP本社で、日経ビジネス・日経ビジネスオンラインチーフ企画プロデューサーを務める柳瀬博一が取材に応じた。

柳瀬は88年に日経BP社の前身の日経マグロウヒル社入社、90年まで日経ビジネス誌の記者を務めた後、新雑誌開発セクションに移って『日経ロジスティクス』の創刊に関わる。96年からは新規に作られた書籍セクションで単行本編集者として働いてきた。歴史ある出版社と異なり、本作りはゼロからのスタート。先輩編集者からの引き継ぎも期待できず、学生時代から愛読してきた著者と接触し、少しずつ人脈を育ててきた。

こうして日経BP社では珍しく外部の著者とのつながりがある編集者として初期のNBOのコンテンツ拡充に貢献した柳瀬にしてみれば「逆にウェブは書籍を生み出す場所になると思った」。自社に連載媒体があれば、著者に定期的な発表の場を提供しつつ本が作れる。書籍編集者としてギブ・アンド・テイクの関係に期待した。

「初期で話題になったのは草食男子ですよ。深澤真紀さんも最初から『U35男子マーケティング図鑑』というコラムを書いて貰っていた著者の一人。他にもこの人に書かせたら面白いよといってフェルディナント・ヤマグチさんを連れてきたりしていた」

時代の逆風がNBOには順風として吹いたこともあったと言う。「紙媒体が厳しくなって廃刊されるようになっていた。たとえば、今看板コラムニストの小田嶋隆さんは親友のCMプランナー岡康道さんとの対談連載をスタートしていたんですが、一方で小田嶋さん自身が相次ぐ雑誌休刊でコラムを連載する場を失くしていた。そこでうちのスタッフがこちらで書きませんかと誘ったわけです」。

そこで、なぜ時代の風はNBOの背中だけ押したのかという疑問が思い浮かぶ。それを尋ねると「スタッフライターで理学工学系出身の記者が大量に社内にいたこと」を柳瀬は理由に挙げる。

確かに出版界は平均的に見て必ずしもITリテラシーの高い業界とはいえなかった。しかし日経BP社は数多くの専門誌を創刊してきた関係でIT専門記者も多くスタッフとして擁しており、彼らは新しいオンラインメディアを作るということになればサイト作りのアイディアを出したり、優秀な外部スタッフを紹介できたし、自分自身で実際に腕前を発揮することも可能だった。NBOがいち早くサイトを作り、臨機応変に拡充を遂げられた理由は、こうして「自前」で作れたことが大きかった。

結果として縮小する紙の雑誌市場からはじき出された著者の受け皿をもいち早く用意でき、NBOは豊富な連載を抱えるようになる。豊富さは多様性を用意する。日経ビジネス本誌とのつながりで硬派の企業記事ももちろん数多くあるが、同じ企業にアプローチするとしても、自動車メーカー相手であればフェルディナント・ヤマグチの一見ナンパな記事が案外と開発サイドの深層心理を抉ってみせてくれることもある。日経ビジネスの専門記者の日々の取材の積み重ねに、小田嶋隆のとぼけていながら鋭い社会批評が微妙な陰翳を与えて立体的なものの見方を可能とする。そこには糸井が「インターネット的」の内容として挙げていたリアル社会で担っていた地位や役割の関係から離れて人と人が出会える「フラット」の実現がある。

多様な才能を同じ場で起用し異種格闘技戦的な面白さを醸し出す手法は雑誌で開発されたものだと言えるが、それをインターネットという場に持ち出し、更に乱反射的な展開を実現させたのがＮＢＯであった。そして豊富さは物量的な充実でもあった。なにしろ雑誌と違ってスペースの制限がない。特に初期の頃には紙媒体の分量制限に感じていたストレスを吹き飛ばすように、とんでもない分量を書く外部執筆者もいた。これも糸井が「インターネット的」の一つの特徴として挙げていた「まるごと（ＷＨＯＬＥ）をやりとりできる」方向に向けた変化であった。

しかも、そうした豊富なコンテンツをＮＢＯは無料で提供してしまう。そこにひとつの工夫がある。会員登録制を導入したのだ。会員料金はないが、登録時に得た情報は購読者データベースとして活用される。たとえば勤務先企業の規模や業種別の比率はもちろん分かっているし、世帯収入平均が８７６・９万円というデータも媒体資料には掲げられている。女性読者は全体の11・８％とまだまだ開拓の余地がある。課長以上の役職者が約２万７０００人いる等々、相当に具体的に把握されている。

「顔の見える顧客データベースの存在は、広告主にとって非常に魅力的です。さらに、NBOの読者向けにカスタマイズした企画広告をオリジナルで製作することで、より高い広告効果を上げられます」と柳瀬は言う。

これは実は日経BP社が歴史的に築いてきた「お家芸」でもあった。日本経済新聞の電子版を実現させた立役者であった圓城寺次郎（第一章で取り上げている）が社長を務めていた1969年4月に日本経済新聞社とアメリカの出版社マグロウヒル社との合弁で設立された「日経マグロウヒル社」は年間契約を結んだ読者に直接雑誌を届ける「直販」を特徴としてきた。

ここでも年間契約した読者の属性が把握できること――初期の『日経ビジネス』読者は殆どが会社の役職者だった――が広告出稿者への強力な説得材料になってきた。NBOは同じ発想をウェブの時代に生かした。より細かな広告手法が駆使できるネットメディアで、顔の見えている購読者の質と数が勝負になる傾向は一段と強まる。

「小分け」になるコンテンツ

ただし一方でゼロ（2000）年代から2010年代にかけてインターネット社会に

起きた変化は予想を超える振幅を持っていた。２０１４年に『インターネット的』が復刊された時、糸井は文庫の巻末に「続・インターネット的」と題した章を足している。そこでこう書いている。

「十年前のインターネットになくて、いまはとても重要な存在となっているものに、スマートフォンとツイッターがあります。どちらもみんなの暮らしのなかに、なくてはならないほど広く浸透していますよね」「スマートフォンとツイッターに象徴される『インターネット的』な傾向については注目しておいたほうがいいように思います。それは、コンテンツがどんどん『小分け』になっているということです」

確かに『インターネット的』が出た直後にニューヨークで同時多発テロが起きる。米国では愛国者法による情報統制のマスメディアへの影響を懸念する傾向が個人メディアであるブログの存在感を際立たせた。日本では日記サイトの文化がそのままブログに接ぎ木されてゆく。２００６年３月にはツイッターが創設されたし、９月にはフェイスブックの一般利用が始まった。翌年には初代ｉＰｈｏｎｅが米国で登場している。こうしてソーシャルメディアとスマートフォン抜きにはインターネットについて論じられない状況が用意されてゆく。

柳瀬も糸井の指摘していた「小分け」傾向を認める。「NBOのコンテンツのモデルが日経ビジネス本誌と全然違うのは、ウェブって結局、ここに200万人の人が集まったときに、200万人がすべて万遍なく見ることは絶対ない。うちだと滞在時間が、ざっくり10分前後。そうすると読んでいる記事は大体2本です」。

読者の半数が毎日アクセスしているそうなので結果的には結構な本数の記事に目を通すことになるが、ネットメディアは読み方が紙媒体とは違うのだ。NBOの場合とんでもない分量があるので小分けにしなければとても一度には読めないということももちろんある。しかしソーシャルメディアとスマホの普及にとって、いつでも、どこでも寸暇さえあれば読めるようになって小分けがデファクトスタンダード化されている面もある。さあ読むぞとNBOのトップページからカテゴリーをたどってコラムにたどり着くような雑誌的な読み方ではなく、スマホに送られてくる更新のお知らせメールや、ソーシャルメディアで誰かがシェアしたリンクをたどってコラムにゆきつく読み方も増えている。「きょうは小田嶋（隆）さんのコラムと朝鮮半島の国際記事を読む。きょうは日経ビジネス本誌の特集記事とフェル（ディナント・ヤマグチ）だとか。読者ひとりひとりが違う組み合わせで記事を読んでいる。言ってみれば、日経ビジネスオンラインという繁盛店が居並ぶゴールデン街があって、読者はそのどこかのスナックに2、3軒、ハシゴして立ち寄っているイメージですね」

このネットメディア＝スナック論は柳瀬がメディアプロデューサーの小林弘人と対談してまとめた『インターネットが普及したら、ぼくたちが原始人に戻っちゃったわけ』（晶文社）でも展開されていた議論だ。

酔いどれオヤジの止まり木であるスナックにしても、近所のマダムたちの社交場である洋品店にしても、自分の髪型の微妙な好みを熟知している理容室や美容院にしても、「機能」だけみたら代替できる業態はいくらでもある。酒を安く飲もうと思えばチェーン居酒屋で十分だし、洋服だってファストファッションのほうが品揃えがいい。チェーン理容室のほうがお値段もお得。なのに、日本のあらゆる地方には、スナックや、洋品店や、地元の理容室や美容院が生き残っている。

この3つの業態は、エロティックで個人的なコミュニケーションを交わせる、言わばある種の性的な存在である、ってこと。性的って、結局ものすごく個人的なことだから、チェーン化できない。

僕はこの3つの業態が、個人的なひととのつながり、という人間の根っこの欲望をかなえてくれる装置なんじゃないかと思っている。不要不急だけど、それがないとつらくてしょうがない存在になっている。

複製技術が進化し、どこにでもコピーとシミュラークルが氾濫する現代社会では、感情の起伏をあえて作らないと生きて行けない。それがキャラにオーラを見立てるオタク的感性を生んだと述べたのは東浩紀だったが（「存在論的、広告的」『郵便的不安たちβ東浩紀アーカイブス1』〔河出文庫〕所収）、小分けの時代はそうした時代的感性の要請にも適っているのだろう。NBOの豊富なラインアップの中には多くの読者が思い入れをもって立ち寄れる「スナック」のような場所が用意されており、そこを訪れる人がゴールデン街としてのNBOを賑わせている。

「ただ顧客データベースは一度作ればおしまいではなく、常に更新してゆかないといけない」。柳瀬に言わせればそこが難しい。「たとえばフェイスブックなど、SNSを使った読者の獲得や広告の集稿が次に求められるでしょう。またコアなファンになってくれる次の1万人をつかまえるにはものすごい実力を持った、ある種のオタク的な握力のある書き手の起用が必要です。デジタルな顧客獲得法と、アナログなコンテンツの開発力の両方がウェブ媒体には求められますね」。

## 出版エージェントの使命

ソーシャルメディアを意識している出版関係者にもう一人取材した。

「出版流通が強固なものとしてあるのなら、出版社は出版流通の管理運営だけを仕事にして、編集者も作家と同じように全部外出しにしたらいいのでは。編集者は作家の側に100％付いて作品を創る。そうして編集者も一緒になって品質を保証した作品を出版社に持ち込み、出版社が流通に乗せる。その方が作家は自由に動けるし、作品の質は上がり、出版社も利益が上がるのではないでしょうか」

神宮前のオフィスで佐渡島庸平《さどしまようへい》が言う。佐渡島は2002年に講談社に入社。累計発行部数600万部超えの『ドラゴン桜』や既に1600万部を発行してきた『宇宙兄弟』などのヒット作を担当してきた辣腕編集者だったが、12年に独立。まさに100％作家サイドに立つためにエージェント業務を行う「コルク」を立ち上げた。現在、小山宙哉や安野モヨコといった漫画家や小説家の平野啓一郎らとエージェント契約を交わしている。

そうして起業してみたらまた見えてくるものがあった。「予想以上にいろんな人たちがコルクの話を聞きたいと言ってくれたのですが、中でもＩＴ企業が非常に多かった。ＩＴの世界で編集者的な役割が求められるようになってきていると分かりました。そこで自分でも改めてＩＴを集中的に学んでみた。僕が独立した２０１２年って電子書籍のキンドルの日本版が始まった年でしたが、あれは本をデジタルデータで持つというだけ。巻物が紙の本になって、更にデジタルデータになったという変化に過ぎないんですね。インターネットというのはデータのデジタル化ではない。インターネットを通じて人々がつながる状態になったのがインターネット化。そしてその先に更にスマホ化がある。スマホを通じてインターネットが24時間、３６５日接続可能になると、人と人の関係性がまた一段階変わるんですよ」。

少し例を見てみましょうか——。そう言いながら佐渡島はオフィスのデスクの上でマックブック・エアを開いた。取材の翌日は『宇宙兄弟』の登場キャラクターであるブライアンの誕生日という設定だった。その記念イベントに向けて刻々と情報をツイッターで提供し、ユーザーの参加を促している様子がディスプレイに示される。「ソーシャルメディアで1日4〜5回は『宇宙兄弟』に触れて、ずっと気になる、先が読みたいという状態を作り出してゆく。こうしたファンクラブ運営のためのコミュニケーションスキルの確立をクリエイターの力を借りながら進めています」。

コンテンツをいかに「スマホ化」するかを考えない限り、どの産業でも負けると佐渡島は言う。「コルクは作家の持っている才能を本の中に閉じ込めるのではなくて全部パブリッシュします。それは糸井重里さんが『インターネット的』で語っていることでもありました」。

佐渡島はソーシャルメディアの利用を前提として糸井の「まるごと」論を読み替える。「インターネット以前は世の中に公開するのはお化粧をしたものだったけれど、今はツイッターやフェイスブック、LINEを使い、更新を続けながら作家のタレントを全体的に読者に示すようになった。そういう状況で作家とファンをつなぐコミュニケーションマネージャーのような役割をコルクという会社は担っているのだと思っています」。

「まるごと」は、紙面や放送時間の物理的制限で削除されていた部分を回復することだけではない。作品の創造過程やリリース以後の動き、そして作家の全体像をも意味する。ツイッターの140文字の字数制限が象徴するようにソーシャルメディアは情報を小さく刻みがちだが、逆に更新が自在なので、時間をかけて情報を積み上げて全体像を示すこともできる。受け手の側もスマホで更新の過程を常時チェックすることで、全体像が描かれてゆくプロセスに立ち会える。結果的に作者・小山宙哉や、『宇宙兄弟』のキャラクターはスマホでつながった友人・知人と同じような身近な存在感を持つようになる。

そして「スマホ的」なコミュニケーションは一方向的なものではない。佐渡島によれば「基本的に文化は発達する過程で最初は教える人と教えられる人に分けられます。たとえば料理で言うと、教える人と教えられる人に分けられている時って、フランス料理もイタリア料理も、基本的にお店にはコース料理しかない。お店の方が決めたコース料理をありがたく食べなきゃいけない。でも、みんながコース料理を食べて、フレンチは大体こういうもの、イタリアンはこんな料理だと分かってくると、今度は自分で選べるようになってアラカルトを頼めるように変わってくる」。

コース料理の食事は「教える」店側が一方的に提供するものだった。しかしアラカルトが選べるようになると客の方も自分の主体性で食事に参加するようになる。

「同じことがコンテンツにも起きます。例えば200時間かけてクリアできたコンシューマーゲームが、好きな時間だけ参加してプレイし、好きなだけ遊べばいいソーシャルゲームに変わった。ここにもコース料理からアラカルトへの変化がある」

しかしコースで提供されていた料理を、ただアラカルトで部分的に選ぶのでは小分けにされたものを享受しているに過ぎない。佐渡島はそこでもう一度変化が起きるのだと考える。「料理が分かるようになると、もう1回コース料理のすごさが見直されるようになる。そしてやっぱりこのシェフは違う、すごいと皆が知った時にコース料理店に何が起きるかというと客単価が高くなる。食事というのは外形ではなく、誰が作っているかによって値段が決まります。料理のすごさが分かればそれに対価を払うようになる」。

同じようにソーシャルメディアでのコミュニケーションに参加しながら情報を積み上げて作家の才能そのもののすごみを実感できるところまで読者を誘うのがエージェントの使命だと考える。

「瓶に詰めてコルクで封をしたワインが世界中に運ばれて後世に残るように、契約作家の作品を世界中に売り出し、歴史に残すエージェントになるという意味で会社をコルクと命名したのですが、今、僕が挑戦したいなと思っているのは、誰が、いつ作ったかによって値段が決まるワインのようなコンテンツを生み出したいということ。ＩＴによって読者参加型の環境ができたことは超一流の人たちの作品が適正な値付けをされるチャンスだと思っています」

おそらく佐渡島は危機感を持っているのだろう。今はクリエイター側ではなくプラットフォーム側に値付けする権利が握られつつある。数多くの取引が自らの俎上でなされることを目指すプラットフォームビジネスで、コンテンツは取引数を増やす客寄せのツールとなりがちだ。第二章でアマゾンのマーケットプレイスを例にそれを説明した。少しでも売れるチャンスを高めようとする売り手を競わせて廉価販売に誘う仕組みが見事に功を奏して、マーケットプレイスでは1円販売が常態になってしまっている。

## いかに新聞電子版を有料化するか

新聞記事も危うい立場にいる。ネットのポータルサイトで個々の記事を無料で読むことが普通という感覚が定着してしまうと新聞というパッケージメディアを購読しなくなる。そうしたアラカルト化、無料化への流れを逆転させることはできないか——。

日経新聞では2010年には「日本経済新聞電子版」を創刊した。1996年に開設したNIKKEI　NETからの名称変更ではなく、「創刊」と表現するところに、かつて日経流通新聞や日経産業新聞を創刊したのと同じく新たに1紙を日経のラインアップに加えたという意気込みが示されている。

「大きかったのはやはりリーマン・ショックでしょう。そこでトップの認識ががらっと変わった」。大手町の日経新聞本社で電子版担当執行役員の渡辺洋之が言う。

紙の新聞はもはやアナクロなのではないかという声は以前から出ていた。「読んだ後に片づけるのが大変」「インクで手が汚れるので女性には敬遠されがち」「混んだ電車の中では新聞を広げて読まないでくださいというアナウンスが流れる」「マンションのオートロック化が進んで配達員が入れないので、せっかくの宅配サービスを利用しても1階の郵便箱に投函することになって高層階の住人には不便極まりない」……等々と散々な言われようだが、それでも紙の新聞から離れる決断がつかなかったのは、それが「おいしい」商売だったからに他ならない。なにしろ（おそらく）公共性が高いという理由で再販制の対象となり、安売り競争に曝される恐れなしに購読料収入が得られる。全国紙の影響力は地上波テレビに次ぐ大きさなので広告収入も大きかった。

ところがリーマン・ショックでは日経も戦後初の赤字を経験した。それが一過性のものだったとしても、今のやり方を続けて未来永劫に経営が盤石である保証はない。そこで渡辺に声がかかった。実は渡辺は日経ＢＰ社出身でＮＢＯを立ち上げた一人である。

4509円, 4200円.
3670円

当然、電子版の広告ビジネスへのテコ入れが期待される。しかし改革の射程は広告だけにとどまらなかった。NIKKEI NETだけでなく、90年代後半から国内の全新聞がネット版を持つに至ったが、それらはすべて無料で閲覧ができた。いつ、いかに電子版を有料化するかは新聞各社が頭を悩ます難問だった。世界の新聞界でいえば、当時、「ニューヨーク・タイムズ」がキンドル経由で電子版の有料提供を始め、ルパート・マードックが所有している「ウォール・ストリート・ジャーナル」はそれ以前に有料化に踏み切っていた。

「うちもチャレンジをしないと、本当にデジタルの時代になった10年先に大変なことになるのではないか。特に我々みたいなネットに何年間か携わった人間にはそういう危機感が強くありましたね」。渡辺の危機感をリーマン・ショックに大きく揺さぶられた経営陣も共有したのだろう。日経新聞は国内で初めて電子版有料化に舵を切った。

## 成長の原動力は「会話」

紙の日経新聞の月購読料は朝・夕刊セット版地域で4509円、全日版地域で3670円。対して電子版は4200円に設定した。

「私は電子版には紙の新聞にない優れた面があるのだから、むしろ高くてもいいぐらいだと考えていますが、印刷も配達もいらないんだから安くて当然という声は必ず出ます。それに反論できるよう内容の充実に心がけました」。渡辺によれば記事の数は電子版の方が多い。紙の新聞は朝刊、夕刊合わせて約３００本の記事が載るが、電子版は１日合計で約９００本の記事を出している。

「日経ＱＵＩＣＫニュース社という子会社があるのですが、そこが常に速報を流しています。そのデータを電子版でも使う。速報の厚みが随分出ます。もう一つは電子編集本部で独自の記事を作っている。他には私の古巣でもある日経ＢＰ社の雑誌の記事を電子版でも読めるようにしています。雑誌の記事は深掘りですので、速報に対して解説的な記事が加わる。あとは『フォーブス』とかの提携誌や、買収を決めた『フィナンシャル・タイムズ』の記事を載せたりして本数で数えると3倍ぐらいにはできる」

もちろん量だけでなく質の向上も目指す。紙の新聞の商品力を損なうことを恐れてネット版を鬼っ子扱いする新聞業界の傾向は日経でも例外ではなく、ＮＩＫＫＥＩ　ＮＥＴには日経新聞記事の40％程度しか出していなかった。特に紙の新聞の売りになる独占スクープ記事はネットには載らなかった。

ところが新創刊された電子版では「スクープは先にウェブに出ることもあります」と渡辺は言う。「1日に朝刊、夕刊しかなかったためにタイミングが合わずにテレビなどに先に報じられてしまっていたニュースも、ウェブを使えばスクープとして出せる場合がある。そうしたことも含めて紙と電子版を臨機応変に使い分けている感じですね。ウェブは状況に合わせて1日に何回でも更新して変えてゆきます。たとえば今はスクープといっても5分後にはもうほかのメディアが『日本経済新聞によると』などと平気で出している。スクープの鮮度、持ち時間が短くなっているので、うちもスクープ単独で勝負するのではなく、それがどんな意味を持つかを解説する記事を刻々と積み重ねていく」。

結果的に紙の紙面と電子版の両方を視野に入れ、紙面やウェブページの二次元、リンク構造の三次元、そして各記事の公開のタイミングを含めた四次元の広がりの中でニュースの扱いを考える。

こうして電子版の特性を生かし、個性を持たせることで月額4200円（以上）の価値があることを実感して貰う努力をしつつ、一方で経営の柱である紙の新聞とのカンニバル（=共食い）を避け、紙版の購読者はプラス1000円で電子版も併読できるメニユーを用意した。

そんな日経電子版の購読者数は現在43万人（2015年7月末時点）で国内最大。2015年に買収を決めた「フィナンシャル・タイムズ」電子版の70万部を加えると「ニューヨーク・タイムズ」の100万を超え、有料電子版購読者数世界最大規模ともなる。こうした成長の原動力について渡辺に尋ねてみると「理由はたった一つ。お客さんと会話をしてきたからです。私はそう答えていますね」。

思わず「会話？」と尋ね返すとこんな説明をしてくれた。

「日本の新聞社は販売を販売店などに委託しています。その結果、読者が300万人いようが1000万人いようが、新聞社は読者に触れることがないですから読者のデータベースを持ってない。だから、読者と会話がない。ところが電子版では有料会員にならない無料会員（無料公開記事と有料記事の一部分が読める）でも登録制ですので、そこで初めて本社が直接読者のデータベースを持ったわけです」

日経ビジネスの直販制はこうして電子版の時代に新聞社にまで持ち込まれたのだ。NBOでは広告ビジネスに読者データベースを利用するメリットを書いたが、読者と接触可能な強みはそこにコミュニケーションが成立することでもある。「我々はそのデータベースをもとに、電子版は今どうですか、サービスは満足ですか、改良してほしいところはないですかと尋ねています」と渡辺が言う。読者の声を生かして電子版のインターフェイスを改良したケースもあるらしい。

新聞を含めたマスメディアは情報を一方向的に送り出してきた。マスメディア組織と受け手の関係は典型的な「教える→教えられる」関係であり、新聞紙面やテレビの番組編成はまさに啓蒙を目的とした「コースメニュー」だった。

だが、そうした「啓蒙型コースメニュー」がソーシャルメディアの台頭によって揺らぎ始める。教えられる側にいた受け手たちもまたソーシャルメディアを用いて発信力を持ち始める。特に3・11後にはマスメディアに対する痛烈な批判がソーシャルメディア上に氾濫した。もしもマスメディアが受け手の意見を直接聞き取る回路を持っていて、適切な指摘には自己改革をもって臨み、いわれなき非難についてはきちんと否定する対応をしていたら、あの時の不毛な対立はずいぶんと避けられていたのではないか。

## 3・11で生きた電子版

その点、日経電子版は読者の声を聞くことができる、いわばソーシャルな裾野を持ったマスメディアだ。読者とのつながりを用意する読者データベースを利用したわけではないが、3・11の時に日経の評判を高めたエピソードは、その位置づけを考える上でどこか象徴的に感じる。

「実は地震のせいで倉庫にあった紙が水浸しになって新聞を出すこと自体が難しくなっていました。そこで紙面をPDF化して電子版で公開した。するとそれがどんどんツイートされました。被災した現地では紙の新聞は届きませんから、ネットで見られた日経が役に立ったんですね」と渡辺が言う。

そして被災地だけでなく首都圏でも求められる情報があった。

「あの時の日経にはスクープが2つあって、まずは輪番停電。他紙は取材していなかったので『日経新聞電子版によると』という伝え方をしていました。あと月曜日の鉄道の運行状況予測も日経の独壇場だった。電力会社や電鉄の取材を日経は日常的にしているので当たり前のように電話をかけて、輪番停電やそれに合わせて電車がどう動くかというのを調べて載せたのですが、結果としてそれがスクープになった。みんなが知りたい情報でしたから、日経はお父さんの新聞だと思っていたけど、意外と身近な、使える新聞だぞと、それもツイートされました」

震災を挟んでしばらくの間は、日本のメディアで一番フォロワー数が多かったのが日経電子版だったという。

ツイッターのユーザーにはリツイートされた記事のリンクを通じて各社の新聞記事を読む、いわばコースメニューを頼まず、アラカルトで情報を選別する人たちが多く含まれていたはずだ。そんな彼らが日経という新聞社の仕事ぶりを見直し、日経電子版というひとまとまりのコンテンツを評価する。それはまさに佐渡島が「コースメニューに回帰する」と表現したプロセスに該当する一例のように思える。

スマホ化の時代にコンテンツを小分けに刻んでゆく流れが反転し、コンテンツがその輪郭を取り戻し、ひとつの全体として価値づけされることは果たして可能なのか——。更に取材を続けてゆこう。

# 第六章　スマホ化後のジャーナリズム

## スマホからみた風景

以前、「スマホからみた風景」という新連載企画案を出したことがあった。スマホを通すと、世界はどのように見えるのか、どのようにリアルとバーチャルを重ね合わせた経験が実現しているのか、調べてみたいという趣旨だった（ポケモンGOがリリースされた直後は、まさにスマホ経由で風景を見る人が街に溢れた）。

しかし、起案しておきながら、いざ自分で書くことを真剣に考え始めると物怖じしてしまった。というのも世代的な限界もあり、自分の生活自体がそれほどスマホ化していない。もちろんスマホは使うし、スマホ依存がより進んでいる若い世代を大学で教えている関係から、彼らのスマホ生活を理解しようと日々努力している。彼らのメインメディア・ツールであるＬＩＮＥもずいぶん使うようになったし、ＭｉｘＣｈａｎｎｅｌ

（写真・動画編集アプリ）のような若者中心のソーシャルメディアの悲喜こもごもについても多少は感情移入できるようになった。だが、それはあくまでも「つきあい」でゆく飲み会のようなもの。自分のホームグラウンドはやはりパソコンだ。スマホは自分にとってはアウェイの世界であり、そればかり連続して書くのは重荷に感じられ、結局、新連載はスマホに限定しないかたちでスタートすることになった。

だが、ホッとした瞬間に後悔が始まる。電車に乗ると、新聞や本を広げている人を見かけることはどんどんと稀になり、スマホ画面を覗き込む人が増えている。そんな「スマホのある風景」を目の当たりにするたびに「スマホからみた風景」は少しでも早く本格的に論じられるべきだと焦り始める。そこで一気にアウェイに突入するのではなく、まず自分自身の行いを省みてみる。

スマホのアプリとなったＩＣカードを使うので改札口を通る時にスマホを手に持っている。そのまま電車に乗り、座れなくても超満員でなければスマホぐらいは扱えるので画面を見る。まず新着メールを読み、ＳＮＳの通知が入っていればチェックし、次にはその日のニュースを確認する。そして「隗《かい》より始めよ」ではないが、折にふれて友人知人に車内のスマホで何を見ているかを聞いてみると筆者と同じ順番でという人が多かった（ただしこれはポケモンGOリリース前の調査である。ポスト・ポケモンGOの状況では順番がまた変わったのだろうか？）。筆者と近い世代はパソコン時代にログインしたら同じことをする習慣が既に作られており、生活の隙間に押し込んだスマホを使ってかねてよりの習慣を維持していた。

こうした調査のポイントは、ニュースを結構スマホで見ている人が多いということだろう。ひとつ証拠がある。ヤフーニュースは２０１４年６月に月間１００億ページビュー（ＰＶ）を超えるというとんでもない記録を叩き出すに至った。それはスマホからの閲覧数がＰＣを超えたタイミングと同時でもあり、ＰＶ増加の立役者はスマホだった。

この時、スマホ利用が増えたのは6〜7月にサッカーブラジルワールドカップが開催されており、時差の関係で試合の開催時間が深夜や早朝になったために通勤電車の中や、寝室でスマホを使って試合を速報するスポーツニュースを閲覧した人が多かったからだと説明された。ネット上での閲覧行動全般をリサーチしているニールセンも「ニュースと情報」カテゴリーで14年6月にスマホの利用者がＰＣを抜いたと発表している。

こうしてスマホを起点とするアクセスの流れが確かに作られたことがジャーナリズムの「現在景」である。そこでまず六本木のミッドタウンにヤフー本社（現在は千代田区紀尾井町）を訪ねて話を聞いてみた。

パイオニア「ヤフーニュース」

ヤフーは久しぶりの取材だった。まだ日本橋箱崎町に本社があった頃のヤフーは、訪ねると皆がパソコンでネットをみている大部屋に案内された。当時、普通の会社では業務中にネットをみていると減俸処分になったりしていたが、ここでは仕事でネットを巡回するスタッフが数多くいて「ウェブサーファー」というキラキラした肩書きが与えられていた。彼らの仕事はひたすらネットを巡回してこれぞと思うサイトを発見して登録することだった。恥ずかしながら筆者が以前に運営していた個人サイトも発見してもらったことがある。その際、サーファーの方はサイトを「ジャーナリスト」の項目（カテゴリー）に登録した。「ジャーナリスト」は「メディアとジャーナリズム」という大項目の下に配置されており、ヤフーのサイトを訪ねた人は大項目から小項目へとたどってゆくことで目的のサイトにたどり着く。

こうして職業別電話帳で「引っ越し業者」→「東京都」と項目をたどってゆくのと同じ方法でユーザーを目的のサイトに導く方法をディレクトリ（階層）型検索と呼び、ヤフーが1994年にスタンフォード大学のジェリー・ヤンとデビッド・ファイロによって開設された時に採用されたものだった。ウェブサイトは開設者にしてみれば「伝え、表現する」場だが、閲覧者にしてみれば「調べ、知る」ためのツールとなる。こうした「調べ、知る」ニーズに応えるべく最初の検索サイトとして開設されたヤフーはその後、「調べ、知る」ために様々なサービスを派生させて、インターネットの世界に入る最初の入口＝ポータルサイトとして一世を風靡することになるが、追加されたサービスのひとつにニュースの提供があった。

「ヤフーニュースの開始は1996年です」。ニュース事業本部長の片岡裕が説明する。当時はディレクトリ検索用のトップページの中に「ニュース」という項目があり、そこをクリックするとその日に配信されていたニュースが並ぶニュースページに遷移するスタイルだった。ニュースを提供していたのはロイターと毎日新聞のみ。ヤフーのトップページ自体が月間1100万PV、ニュースページが100万PVとまだまだ牧歌的な時代だった。

98年になると今と同じようにトップページのなかにニュースの見出し＝トピックスが並ぶコーナーが用意される。ニュースコンテンツは検索とならんで「調べ、知る」要求に応えてポータルサイトへのアクセスを誘う強力な要素なのでトップページでその内容を垣間見させる必要が認識された結果だった。

当時、インターネットのサイト数は急激に増え、サーファーによる人海戦術の検索も限界を迎えつつあった。結果として検索側についてはプログラムによってインターネットの世界を巡回し、内容をデータベース化してユーザーの検索要求に応えるロボット型検索の仕組みが登場してゆくことになるが、ニュースに関してはスタッフが対応する方法がいまだに残っている。

ニュース編集部は現在25人の布陣。休刊日と仮眠室がある新聞社と違ってヤフーニュースは眠りを知らない。四勤交代体制で淡々と新しいニュースに対応してゆく。選別やランキングを提案してくるアルゴリズムの助けを得つつも、1日に4000本ある配信記事の全てに編集メンバーが目を通すのが原則だという。そして中でも注目を集めそうなものをトップページのトピックスに上げていく。「ニュース編集部は色々なニュースの中からどれを選別するのかを決めるだけでなく、選別した事象をより深く理解するために関連リンクを付加していきます。こうしたスタイルに対するユーザーからの支持が大きかったと思います」。片岡はヤフーニュースの成長理由をそう説明する。

しかし、ヤフーニュースのトップページであるヤフートピックスから記事単体へアクセスするという流れがニュースに触れるうえで主流となると紙の新聞を宅配契約で月単位で販売していた新聞社のパッケージビジネスを崩しかねない。「パートナー様あってのヤフーニュースですので、どうやったらエコシステムがつくれるか、持続可能な仕組みを構築できるのかは、この先もっともっと課題になっていくでしょう」と片岡が言う。

ちなみにヤフーが無料でニュースを提供できるのは、言うまでもないことだが広告メディアとして機能しているから。インターネット上で展開される広告費は2009年に新聞を抜き、テレビを追い上げているが、その健闘に月間100億超ページビューのヤフーニュースの貢献は極めて大きい。広告媒体として機能することで収益を得て運用されているという意味でヤフーニュースは民間放送と同じなのだ。

そんなヤフーは提携先へ広告収入をもたらす「上流」にも位置している。ヤフーニュースでは当初、コンテンツの一部が配信されるだけだったが、徐々に新聞社のサイトと同内容が読めるようになり、2007年には提供社の自社サイトへ繫がるリンクも設置可能にした。結果としてリンクを通じてヤフーへのアクセスを自社サイトに誘い、ページビューを増やしてそこでの広告収入を増やすことができるようになった。こうしたメリットもあってヤフーと提携する配信元は今や300を超えるまでになった。

## ネットニュース職人の仕事場

こうしてヤフー中心に回っているのがインターネット上のジャーナリズムの現状である。もちろんニュースサイトはヤフーだけではない。たとえば「NEWSポストセブン」という小学館が運営するニュースサイトがある。同社が発行している『週刊ポスト』『女性セブン』『SAPIO』『マネーポスト』4誌の記事をまとめるサイトだ。

製作を手掛けているメディアプロデューサーの中川淳一郎に話を聞いてみた。「NEWSポストセブン」を作ると決まった時、中川は「やっとプロが取材したものをウェブに出せる」と嬉しく思ったという。「2013年ぐらいからバイラルメディア（註：刺激性の強い動画や画像を中心とした記事を載せ、SNSの情報拡散力を利用してまるでウィルス［バイラス］が感染してゆくように広がり、短期間で爆発的なトラフィックを集めて広告収入を得ることを目的とした［バイラル＝ウィルスのような］ウェブメディア）というのがバーッと出てきました。あれって全部、基本パクリなんです。コピペでできている」。そんなお手軽な稼業が横行し始めていたネットの世界で、スクープを自力でとろ

う と頑張っている週刊誌や雑誌の記者の仕事を紹介したい。「この人たちがウェブの主役に躍り出るいい機会が来たと思った」という。

中川の仕事はこんなペースで進められる。月曜日に書店に並ぶ『週刊ポスト』の記事データが前週金曜日の午後1時半に印刷所から出て来るので、それをサイトに載せる作業を午後9時40分ぐらいまで行う。次に『女性セブン』のデータが発売前日の水曜正午に来るので、これも午後9時までかけて作業する。更に『SAPIO』『マネーポスト』でも同じように繰り返す。既に校閲を通過した完成記事なので事実確認などは不要だが、サイト上で読まれるにふさわしい文体にデータを加工する必要がある。その加工方法は少し意外な内容だった。

「週刊誌のワイド特集だと記事の最後に締めの言葉を入れることが多いですよね。配信する時はそれを省きます。〈安倍政権に疑問符が突きつけられている〉と締められていたらそれを取って配信する。記事のスタンスを理解した上で買う週刊誌と違って無料で公開されているネットニュースは誰が読むかわからない。疑問符を突きつけると安倍さんの支持者からするとムカつくこともありますよね。何でおまえらに言われるのって。ネットの記事はクレームがどの方向から来るかわからない。これで苦痛を受けたと訴えられたら負けちゃうんですよね。そこでネットでは事実の提示だけに徹します」

それだと普通であれば無味乾燥の内容になってしまいかねないが、そうならないように更に工夫を凝らし、紙の記事の評価だけに流されず、不特定多数の人がついクリックしたくなる見出しをつければ、アクセスが稼げそうなネット向けの内容の記事を選ぶ。そんな中川はまさにネットニュース職人と呼ぶにふさわしい。

そんな中川の貢献も加わってＮＥＷＳポストセブンは黒字を達成している。しかしそれはサイト運営の専属社員をつけず中川ら外部の辣腕スタッフ少数で作り上げる人件費の節約に加え、ヤフーのおかげでもあるという。ＮＥＷＳポストセブンもヤフーに配信提携をしている。「小学館がこういうのを始めるとヤフーに言ったら、ぜひともと歓迎してくれて」。ストレートニュースには強いが、街ネタや芸能には弱い新聞社や通信社の提供記事を補完する役割も期待されていたのだろう。結果としてＮＥＷＳポストセブンの提供記事は結構な比率でトピックスにも選ばれ、ヤフーからのアクセスの流れがサイトの広告収入を支えている。

しかし中川が望むのはネットだけでなく、多くのプロを擁している従来の紙メディアの領域にまで好循環が及ぶことだ。

「たとえば北野武さんの本を小学館が出すタイミングで〈たけしが3・11の後に語った命の重み〉という記事をＮＥＷＳポストセブンで作ると、それがヤフートピックスに行ったりする。するとアマゾンで一気に5位とかに入るんですよ」

とはいえ、これは北野武の有名性とヤフーの影響力の強さ、そして中川の紹介の巧みさと三条件が重なって可能となること。逆にいえば、ニュースサイトを間にかませることでヤフーの強力な影響力を書籍の出版活動の追い風とまでするのは、そう簡単なことではないのだろう。

## ニュースアプリの現状

「スマホのある風景」にはもうひとつ特徴がある。「一太郎」で知られるソフトハウスの「ジャストシステム」が全国の15歳から69歳までの男女１１００名を対象に行っている「モバイル＆ソーシャルメディア月次定点調査」によると、15年6月ではニュースを閲覧するために利用するメディアとしては「ポータルサイトを閲覧」と回答した人が49・5％と最も多かった。「新聞を購読・購入」している人は50代以上だと60・8％、10〜20代に限るとその数字が23・3％まで下がり、代わりに「ニュースキュレーションアプリで閲覧」している人が19・3%と増える。

「ニュースキュレーションアプリ」とは何か。スマホの小さな画面でも見やすい形にあらかじめニュース記事を取捨選別して表示するアプリケーションだ。ジャストシステム調査によれば少なくとも若い世代についてはキュレーションアプリを入口にする比率が紙の「新聞を購読・購入」している人の割合と大差ないところまで来ており、このままゆくとニュースはキュレーションアプリ経由でアクセスするものとなりかねない。

そこで注目に値するのが「スマートニュース」だ。ヤフーもポータルサイトのスマホ対応という王道に留まらず、ニュースアプリも開発したが、2014年10月時点のユーザー数では「スマートニュース」がニュースアプリのトップであり、ヤフーニュースは3位に甘んじている。

こうしてヤフー王国に一矢を報いているスマートニュースの本社を訪ねた。渋谷のオフィスで藤村厚夫執行役員が取材に応じる。

藤村がスマートニュースに参加したのは、アプリの提供が始まった翌年の2013年。

「たくさんのメディアコンテンツをスマホのアプリの中に集約してみせるというアイディアはここに来る前から自分でも考えていたんです」という。しかし当時のスマートニュースはコンテンツの使用許諾を得るのに苦戦していた。「ぽっと出の新参のアプリ会社が、たとえば新潮社さんに訪ねていって〈コンテンツをアプリに載せたいんですけれども〉と言っても〈どこから来たんだ、おまえは〉という話になるに決まっていますよね。案の定、色々なところでメディアの方々との局地戦が起きていました」。

そんな話を伝え聞き、自分だったらもっとうまくやれるのにと思っていたころ、知人の紹介で創業者の一人と話をする機会があり、転職を決めた。

藤村は経営、法律の実務書籍出版社を皮切りとしてアスキーなどで書籍、雑誌の編集を経験。既存メディア側のメンタリティをよく知る立場でコンテンツの提供交渉に臨み、産経新聞と共同通信しかニュースを提供してくれなかったスマートニュースを、キュレーションアプリの中で唯一四大全国紙を網羅する存在に育てた。

こうして説得に成功したのは藤村のメディア経験が生きただけではない。モバイルメディアの新しさを伝えられたことも大きかった。「モバイルは人に最も近いパーソナルデバイスです。布団の中では新聞紙を広げないし、テレビの受像機も持ち込まないですが、モバイルデバイスは布団の中にまで持って行ける。そういうメディアを若い人たちはすごく大切に思っているわけです。そこにメディアの転換期が訪れている」。

電車の中だけに限らない。スマホは24時間いつでも身近にあってインターネット世界に繋がる経験を提供する。編集者や記者の中にもそんなスマホの便利さを実感している人が結構いて、会社の中でスマートニュースの応援団になってくれた。「スマートニュースを見ている比較的若い方々は新聞社さんの記事をスマートニュース経由で出したら絶対読むわけです。これは我々が実際やっているからわかる」。スマホ化、モバイル化は時代の変革を示すキーワードだという認識が藤村にはある。

藤村はキュレーションの方向付けにも関わった。「創業者はスマホ用のアプリをつくる前にインターネット上でいろいろな情報を集約する仕組みを開発していました。キュレーションアプリでは、最初ツイッター上の人間関係を読み込んで、提供するニュース記事をパーソナライズする方向を考えていました。しかしそれは違うのではないかと私には思えた。思ってもみなかったような新鮮な出会いがある情報が届くことにこそニュースの価値があるのではないか。だからこそみんなニュースを気にしているんじゃないか。そう考えをぐるっと一回転させて、パーソナライズという要素をすごく小さくした」。

それはＩＴ技術の否定ではない、むしろ逆だ。「みんなにとっておもしろい情報を収集する、集約する、そういう仕組みとしてつくり直したというのが今のスマートニュースです。セレンディピティーとよく言われますが、偶然のように出会う、でもその偶然を受け入れる素地がないと偶然が発見にならないんですね。集合知の使い方をパーソナライズではなく、多くの人に重要で、多くの人が興味をもつコンテンツを選ぶために使うようになっていった」。

ちなみにスマートニュース社には記事にタッチする人間がいない。全てデジタル技術によってオートマチックに選択からレイアウト、表示までシステム的にこなす。見出しも内容も元記事のままいじらない。そこはヤフートピックスや前出の中川淳一郎が披露しているような職人芸の対極に位置する。「10人でインターネットの中を見て回っていい記事を見つけて来ることがある時期にはできたとしても、次の年には10人では足りなくなる。30人、50人と増やしてもすぐに足りなくなる。それがインターネットの世界であり、人間的な組織の限界を超えたところに我々は立ち会っているのだと考えています。それをテクノロジーの力で解決しない限り先は見えない」。

そして藤村は自分たちのミッションを「ニュースの再発見」だという。「世の中に埋もれているものも含めて、すばらしいコンテンツが既に存在している。我々のミッションは、すばらしいコンテンツと読者の接点を生み出すことだと思っています。ですのでオリジナルのコンテンツを作る意思を私たちは基本的に持っていません」。

特に重要だと思われるニュースが配信された時にはアプリをインストールしたスマホにプッシュ通知で知らされる。スマホ画面を開けば配信されたニュースがいつでもどこでも読めるように他のアプリに先駆けて回線オフでも読める機能を搭載した。

藤村の話を聞いていて、そこでは「宅配」という概念もまた再発見されているように感じた。日本では宅配された紙の新聞を読むのが標準的な新聞購読法だったが、世界ではそんな行き届いたサービスは極めて稀で、販売所が遠く、買いにゆけないために新聞を読めない人が莫大な数存在する。

ちなみにスマートニュースにはアメリカ法人があり、地域が限定されないアンドロイド版アプリは国境を越えて広く配信されている。そうなるとアメリカのような先進国ではなく、従来は新聞が手に入らなかった地域の人が英語版アプリを通じてニュースに手が届くようになる可能性は高い。そして新聞の電子版をインターネットに繋がったパソコンやタブレットで読めるのも実は贅沢で、携帯電話経由でしかネット接続できない地域も世界には広く存在している。そんな場所で生活する人たちのスマホにアプリ経由で記事を送れば、モバイル時代の新しい「宅配」が実現されるだろう。

今、世界のスマホ人口は20億人程度だが、普及がどんどん進んで世界70億の人々にニュースを届ける巨大なニュース「宅配」事業が新しく出現するとしたら――ジャーナリズムの在り方も全く新しく変わる可能性がある。

「ニューズピックス」の挑戦

もう一社、キュレーションアプリとして注目される「ニューズピックス」を提供しているユーザベース社を訪ねた。

「ニューズピックスの特徴はプラットフォームとしてのメディアと、コンテンツメーカーとしてのメディアと、そこで人がコメントするソーシャル、この3つを全部持っているところです」。恵比寿のオフィスでニューズピックス編集長の佐々木紀彦が言う。

三本の矢を持つようになった経緯はこうだった。UBS証券で投資銀行のアナリスト業務をしていた2人の若手スタッフ、梅田優祐と新野良介は企業を調べる時に外資系のブルームバーグのデータベースを使っていた。使い勝手にいまひとつ満足がゆかず、もっと使いやすいものはないかと探したが見当たらない。ならば自分たちで作ってしまえばいいと2008年に独立してユーザベースを起業、スピーダという企業情報の分析ツールを作った。スピーダに会社名を入れると事業概要、社員平均年齢・年収、『会社四季報』から購入した情報が表示され、企業関連ニュースのキュレーションも行う。面倒見のよいことにPDF化というボタンを押すとその会社に関するプレゼン資料が出来上がる。今や国内外で500社以上がユーザベースの会員となってスピーダを使っている。

こうしてBtoBのサービスを始めた2人が次に目指したのがBtoCの経済系メディアだった。そして13年9月に「ニューズピックス」アプリを開始。インストールすれば主要なメディアの配信記事を個人的にカスタマイズしてワンストップで見られるだけでなく、ソーシャルメディアの仕組みを取り入れ、自分がフォローしているピッカーと呼ばれるコメンテーターが選んだ記事が配信され、自分がコメントすれば自分をフォローするユーザーにその記事を配信することができた。

しかし既存メディア記事をキュレーションするだけではライバルとの差別化が難しい。オリジナルコンテンツが必要だと考えていたユーザベース側と意気投合したのが当時、「東洋経済オンライン」の編集長をしていた佐々木だった。

ネットメディアを担当した佐々木が痛感したことがあった。インターネットの世界ではアクセス数が莫大なサイトに自社のコンテンツを掲載する時に、アクセスを流して貰うことと引き替えに経費をかけて作ったコンテンツを極めて安価で、あるいは無料で提供する「トラフィックバーター」契約を結ぶ商習慣がある。ヤフーの場合、プラットフォームとして圧倒的に強力なので「トラフィックバーター」契約でも強気になって当然だ。結果としてそこにコンテンツを提供する側は、アクセス数が増えてプラスとなるネット広告収入で製作費がまかなえればよいが、そこまで至らなければ苦戦するのは明らかだ。

そんな構造を前にして佐々木は自前のプラットフォームを持つ必要性を感じていた。可能性が残されている領域のひとつがまだ寡占構造になっていないニュースキュレーションアプリの世界だと考えた。そんな佐々木がコンテンツを欲しがっていたニューズピックスと２０１４年７月に合流、約20名の編集部で月３００〜４００本のオリジナルコンテンツを作る体制を築き上げる。

コンテンツ部分の強化ということではプロピッカーという専属コメンテーター制度も始めた。「最初からあったソーシャル機能に加えて約１００名の方を選んでプロピッカーとしてコメントしてもらうことにした」。

ホリエモンやグロービスの堀義人など人気の人材を集めたプロピッカーとは有償契約を結び、定期的にコメントを書くことを求めている。一方でアプリ内の有料オプションを購読することでニューヨーク・タイムズ、財新網、ダウジョーンズ・ビジネスニュースなどの記事が月額1500円で読み放題となる有料化にも踏み切った。

「梅田も私も無料モデルだと新時代のメディアをつくることはできないと考えています。広告ビジネスももちろんやりますが、それだけだとジャーナリズムの独立性を保つのが難しい。日本のウェブメディアでジャーナリズムが育たなかった要因は広告一本足打法で来たから。同じ轍を踏まないためにも将来的にはコンテンツ収入と広告収入を5対5にしてゆくというのが目標です」

目指すのはネット時代の経済系ジャーナリズムの構築だと佐々木はいう。「社会運動と言うと大げさですが次代の経済社会作りに貢献したい。過去の歴史を見ても、新しい時代ができる時は、新しいメディアができる。新しく作るほうの側の中心を担いたいという思いが強くあります」。

こうした社会性の強調や広告メディアとの距離の取り方については、思い出すことがある。ヤフーニュースが、記事を装う広告、いわゆる「ステルス・マーケティング」を繰り返し配信する提携先に対して契約解除という厳しい姿勢をとったことが最近話題になった。

「ステ（ルス）マ（ーケティング）かどうかを外形的にチェックするのは正直非常に難しい。ですのでステマだけに限らず、最終的には品質という観点で、私たちがユーザーにぜひ届けたい内容かをチェックしていって、一旦契約を終了させていただいた媒体様も出て来ました。ヤフーニュースを通して見てもらっているのに、何でこんな記事が上がっているのといわれるのは避けたい」。取材の席で片岡はそう説明していた。

かつてヤフー・トピックスを担当していた奥村倫弘が著した『ヤフー・トピックスの作り方』（光文社新書）によれば「トピックス編集部の部員のほとんどが、新聞社や放送局、出版社で取材記者や編集者として働いていた経験を持ってい」る（奥村自身も読売新聞社出身だ）。記事はあくまでも記事らしくという価値観は編集部が既存ジャーナリズム組織から引き継いだものだったのではないか。

他に片岡はこうも語っていた。「ヤフーニュースにテーマ機能といって自分の関心のあるニュースが配信されるようカスタマイズする仕組みがあるんですが、それ単体で成立するわけでなく、やはりトピックスでやっているような、まず伝えるべきものを届けるということが第一義になると思います。ニュースの公共性というのはすごく意識していて、それが長期的に私たちへの信頼につながるのでしょう」。

プロフェッショナルな編集者が作業に当たるか、機械のアルゴリズムに委ねるかの違いはあるが、ニュースとは自分の知らない世界、知るべき世界との出会いであるという考え方はスマートニュースの藤村と共通している。そしてそれは広告と記事の峻別と同じく、ニュースについての古典的な規範意識にも通じる。ネットジャーナリズムの世界は、近くでみるとスマホ用アプリの細かな仕様の違いなどに眼が奪われがちだが、少し離れてみるとジャーナリズムの歴史の延長上に確かに位置していることが感じられる。

たとえば最強のプラットフォームとして君臨してきたヤフーニュースでもオリジナルコンテンツ製作が始まっており、ロングターム・イシューと呼ばれる解決の難しい問題、たとえば少子化や子供の貧困といった根深い問題を朝日新聞出版の『アエラ』と組んで記事化し始めている。取材を受けてくれた片岡は新卒でインターネットプロバイダーのニフティに入社したが、その仕事と並行してネット上で課題解決を試みるマッチングサービスを提供するNPO「ジャパン・フォー・サステナビリティ」で活動していたという。2005年の9月にヤフーに転職したのは更に強力なメディアでの課題解決に挑戦したかったからだそうだ。ロングターム・イシューのコンテンツにはそんな片岡のカラーを感じる。

## 「知る欲求」への杭

こうして佐々木の社会志向から片岡のＮＰＯを経て連想は更に広がる。日経ビジネスオンラインのチーフ企画プロデューサーとして前章で取材に応じた柳瀬博一もまた神奈川県の「小網代の森」の保全活動を行うＮＰＯに従事していたのだ。

小網代の森は三浦半島の先端部に近い位置にある面積約70ヘクタールの緑地。その中に長さ1キロほどの川の源流があり、山あいの湿地、河口の干潟などを形成しながら、海まで流れている。源流から海までの生態系が自然のまま残されているのは首都圏では小網代の森だけだと言われている。

たまたまゴルフ場などの開発が予定されていたために手付かずのまま残されていた緑地を、慶応大学の岸由二教授（当時）が全面保全をしたうえでエコツアーや自然教育の場としてはどうかと地権者に提案。ＮＰＯ法人「小網代野外活動調整会議」がその活動の受け皿となった。

ＮＰＯ理事の立場で柳瀬がツアーガイドを行う日に合わせて訪ね、説明を聞きながら流れに沿って作られた遊歩用の木道を歩いた。以前はその周辺には笹が鬱蒼と繁っていたが、柳瀬たちが笹刈りをし、同時に杭を打って水の流れを一度塞き止め、大雨の時に運ばれてくる土砂を堆積させて流れを高い位置に変えたという。

というのも、かつてそこに棚田があった頃は、農家が川の流れを高いところに導き、そこから個々の田に水を流していた。ところが農業が営まれなくなると自然の法則にしたがって水は低い場所を流れるようになり、土が乾いて笹が繁った。そんな水の流れを高い場所を通るように変えると、水が土に浸潤して湿地が形成され、笹は繁らなくなる。湿地には多様な植物が育ち始め、多様な動物が活動するようになってゆく。人工的に行ったのは笹を刈り杭を打つことだけ。あとは大雨など自然の力を引き出した。それを岸は相手の力を使って相手を投げ飛ばす「柔道」に喩える。

情報も水と同じく自然に流れてゆく。その流れを作るのは人々の純粋にして自然な知への欲求だ。インターネット技術が個々のニュースに直接アクセスする回路を作ったのも、そうした欲求に忠実に従った結果だった。知りたい人にとってはニュースの内容が重要なのであり、そのニュースがどのように作られ、本来どのように商品化されていたかは関係ない話なのだ。

だが、現実には人々の知りたい欲求によりよく応えるために近代的なジャーナリズム組織が作られてきた歴史がある。それは高度の調査表現能力を維持するために情報に課金する方法を基盤とするものだった。ところが「知る欲求」に従ってスマホ経由で記事に直接アクセスするようになった情報の流れの変化は、こうした近代ジャーナリズムのシステムを破壊して、情報の流れを水源から枯渇させかねない。「知ろう」とするあまりに「知る」ことが不可能になる。そんな矛盾を避けたければ、ここでも流れを変える「杭」を打つ必要があるのだろう。しかし、どこに、どのような杭を打つか。その判断には、情報が自然に流れる力を活用する「柔道」的な心得が必要となる。そして、従来のジャーナリズム組織が取材活動を維持できるような経済環境を回復させるか、既存組織に代わって取材を行う新しいジャーナリズム組織を作るためには特定企業の利益追求を超え、情報社会をより豊かにする公益性重視、社会志向の姿勢が求められよう。そんな要求に応えられる人材が今後も適時適所に登場しうるかどうかでスマホ化後のジャーナリズムはその性格を大きく変えてゆくのではないか。

## コラム②――ネット時代の新しいジャーナリズム

ここまでネット時代の新しいジャーナリズムについて見てきた。ちょうどその取材を終えた2016年の春に起きた「パナマ文書」事件とその報道にはジャーナリズムの今後を考えるヒントがあったように思う。

パナマ文書とは法律事務所「モサック・フォンセカ」が租税回避を請け負っていた経緯を証拠立てる一連の機密文書で、ネバダ州などに設立されたペーパーカンパニーを利用する21万4000社の企業の、株主や取締役などの情報を含む詳細な情報が書かれていた。これらの企業の関係者には、多くの著名な政治家や富裕層の人々がおり、公的組織も存在していた。

文書は同事務所のサーバーから流出したとされるが、流出の経緯は未だに明らかになっていない。最初に文書の存在を伝えられたのは南ドイツ新聞記者バスティアン・オーバーマイヤーだった。『パナマ文書』(姫田多佳子訳、KADOKAWA)によれば休暇中の彼に届いた最初の連絡は「ハロー、私はジョン・ドゥ。データに興味があるか?共有してもいいぞ」という素っ気ないメールだったという。しかしジョン・ドゥという匿名者を示す名を自分から称していたこと、ガセネタによくある思わせぶりの表現を用いず、内容について一切触れていない点が彼の興味をむしろそそったのだという。

「大変興味がある。もちろん共有したい」。そう返信すると通信方法についてのリクエストが寄せられる。データは非常にデリケートなので暗号化して通信できるようにしてくれというのだ。バスティアンが了解するとデータが送られてきた。暗号データを復号するとアルゼンチンの元大統領クリスティーナ・キルチネルが国費を海外に持ち出した事件に関するものだと分かった。この事件では捜査がなされたが実態が明らかになっていなかった。ところが送られてきた暗号データには、その国費が123社のペーパーカンパニーを経由して軌跡を消しつつ流れていった経緯が記されていた。

このリーク情報には価値がある。そう確信したバスティアンは更なる情報の提供を求めると共に南ドイツ新聞社内での体制を整える。調査報道セクションを担当してきたバスティアンともうひとりフレデリックの2人のオーバーマイヤーからなる通称〃オーバーマイヤーブラザース〃がその任に当たることとなった。しかし、結論を先に書けば、そのデータは彼らの手に負えるものではなかった。ジョン・ドゥが流出文書内容についての報道をドイツだけでなく、英語圏でも同時に進めることを条件としていたこともあったが、情報量が2・6テラバイトとんでもなく巨大だったのだ。

そこで2人のオーバーマイヤーはワシントンDCに本拠を構える国際調査報道ジャーナリスト連合（ICIJ：International Consortium of Investigative Journalists）の代表者ジェラルド・ライルに話を持ちかけた。ICIJは1997年に設立され、国境を越えたチームで調査活動を行ってきた。現在約200人がそのメンバーとなっており、モサック・フォンセカと同じようにペーパーカンパニーの紹介をしていた法律事務所のデータを入手し、世界各国のメディアを通じて「オフショアリークス」として報道した経験があった。

デジタル化の時代に流出データの容量は増える一方だ。ICIJは260ギガバイトあったオフショアリークス文書の分析経験を生かし、更に新しい方法を駆使した。ICIJの解析班はまず電子データを機械検索可能な形式に変換しようとする。テキストデータはそのまま検索できるが、問題は紙の文書やファクスの出力紙などをスキャンした画像データだったので、光学読み取り（OCR）技術で文字認識させた。データ量が大量であったためアマゾンのレンタルサーバーを使って同時進行的に作業をしたという。

テキスト化されればコンピュータ上での扱いは容易になる。メタデータやテキストを切り出し、全文検索エンジンで検索可能としたが、およそ21万4千もの会社（おそらく多くがペーパーカンパニー）が含まれたデータを相手取るのはまだしんどい。そこでまず会社を起点として付随する役員、住所、担当しているコンサル会社などを関係づけてゆく。同じ名前が含まれていれば名寄せを行い、類似の会社名、人物名などの間にも関連性ありとして繋いでグラフ化してゆく。こうして作られたデータベースを元にＩＣＩＪのメンバーは自分の所属する報道機関で２０１６年４月３日にパナマ文書関係の報道を開始した。同年5月10日には関連付けが済んだデータベースがオフショアリークスの検索システム（ICIJ Offshore Leaks Database）に統合され、公開されている。

こうしてデータの入手から公開に至るプロセスについて２０１６年4月10日付の米ニューヨーク・タイムズ紙は「第四階級と第五階級の融合の先駆となる」と評した。第四階級とはジャーナリストのこと。彼らはフランス革命前に第一、第二、第三階級と呼ばれていた聖職者、貴族、平民とは別の新興階級と見なされ、その名がついた。

ところが技術の進歩は更に新しい階級を生む。インターネットでつながる人たちを第五階級と呼び、彼らのつながりが発揮する力をＧｏｏｇｌｅのエリック・シュミット会長は第五権力と呼んだ。内部情報をネット経由で入手・公開し、米政府を揺さぶったウィキリークスを主宰するジュリアン・アサンジはまさにその力の担い手であった。

パナマ文書報道には確かに第四階級と第五階級の人材と技術の融合が見られる。南ドイツ新聞のオーバーマイヤーブラザースもＩＣＩＪのメンバーも第四階級に属している。しかし彼らだけではリークデータの入手はできても分析はできなかった。ジョン・ドゥの本名もデータの出所も未だに明らかにされていないが、彼（女？）はモサック・フォンセカのサーバーに継続的にアクセスできていたと考えられている。アクセス権をもっていたのか、ハッキングをしたのかは分からないが、一定以上のＩＴリテラシーなしにはデータを入手し、暗号化して送出することはできなかっただろう。

そしてデジタルデータの時代になって膨大なデータ量が流出すると、その分析にも情報工学が駆使されざるをえなくなる。第四階級が第五階級を必要とする事情であり、ＩＣＩＪでもネットを駆使した解析班の活躍があった。

しかし報道にあたっては再び第四階級が関与する。ＩＣＩＪのジェラルド・ライルは取材に応じて、プロジェクトに参加した報道機関は生の文書を入手しているがウィキリークスのように「そのまままこれを公表する予定はない」と述べている。それは違法行為を行っていない個人の情報まで外に出てしまう可能性があるからだ。プロジェクトの焦点は公的な人物による違法行為の暴露である。「私たちはウィキリークスではない。ジャーナリズムには責任が伴う」とライルは述べた。

確かに第五階級のウィキリークスであれば入手した機密文書をそのまま公開しただろう。２０１０年から11年にかけて起こった「アメリカ外交公電流出事件」では、最終的に約25万点の機密公電を未編集のまま公開している。その結果、文書を流出させたのが米軍兵士のチェルシー・エリザベス・マニング（出生名は男性名のブラッドリー・エドワード・マニング）だったことも発覚し、彼（女）はスパイ活動などの罪に問われ35年の実刑判決を言い渡されている。

取材源秘匿原則を意識し、取材源だけでなく、その報道によって被害を受ける全ての人の人権侵害を、公益性と真実性の追求との間で天秤にかけて何を報道すべきか判断する。それは第四階級であるジャーナリストの仕事だ。それこそＩＴの革命後にジャーナリズムが生き残る最後の牙城となるものではないか。なぜならそれだけは自動的に機械処理するわけにはゆかないからだ。

誤解なきようにしたいが、それを人間にしかできない高度な処理だと誇りたいわけではない。そうではなく、公益性の判断は、その時々の時代なり社会なりの価値観が入り込む恣意性を免れないし、すべての人の人権侵害の可能性などカバーし尽くせるはずもなく、結局は「賭け」の性格を担う。そして機械に賭けができないわけでもない。ランダムに答えを出すことなどむしろ容易いだろう。しかし大切なのは答えを出すことではなく、答えに対する責任を負うことだ。場合によっては訴追される可能性もある時に、機械に委ねて「間違えました。すみません」ではすまないだろう。何かあった時のために生身の身体と生命を「質」に入れる必要があるのだ。誰かの一度しかない人生を傷つけた時には、傷つけた側も生命や人生の一回性を差し出す必要がある、そのためにも第五階級の情報工学的な技術を第四階級のジャーナリズムで包み上げることが要請される。それは本書の最後で紹介する「ケンタウロス」スタイル、つまり機械の下半身と人間の上半身の合体モデルにも通じるものだ。そこでもう一度詳述したい。

# 第三部　ネットはコンテンツを殺すのか

# 第七章　テレビの見る「夢」

## 8K放送の可能性

2015年5月、初夏を思わせる日差しの中、東京世田谷のNHK放送技術研究所（以下「放技研」と略す）を訪ねた。

放技研ではみなさまの受信料を元手に進めている研究開発状況をお披露目する「技研公開」を年に一度開催している。来客は放送やAV機器メーカーの関係者だけでなく、身近なテレビメディアの未来像に関心を持った一般客や体験コーナーを楽しみにしてきた子供連れも多く、特に休日はなかなかの賑わいとなる。

しかしその年の「技研公開」はいつにも増して熱気がみなぎっているように感じられた。会場全体に一種の「熱病」が蔓延していたと喩えても良いかもしれない。熱病の名は「8K放送」である。

　ここでKは1000を意味し、「8K」は横約8000の画素数を意味する。たとえば現在主流のフルハイビジョンテレビの画素数は横1920（と縦1080）なので2Kだ。これを倍の横約4000（縦約2000）に高画素数化＝高精細化した「4K」の記録方式は既にデジタルカメラやビデオカメラで採用が進んでおり、その再生モニターとして使える4Kテレビも販売が開始されている。

　しかし放送となると事情が異なる。現在のフルハイビジョン放送の4倍の画素数となる4K放送では、多くの水を流すために太い水道管が必要となるのと同じ理屈で多くの周波数帯域を確保する必要があり、実現するにはチャンネル数の整理統合などが大事になる。

　こうして4Kでも困難なのに更に8K……画素数で言えばフルハイビジョンの16倍となる超弩級の新放送技術に放技研は挑戦しようとしているのだ。「技研公開」のオープニングセレモニーには黒田徹・放技研所長が登壇し、『「NHK技研3か年計画2015－2017年度』および8K衛星放送実験」と題した基調講演がなされた。そこでは「放送衛星による8K試験放送を2016年に開始し、2018年までに実用放送を開始することを示した総務省の〝ロードマップ〟に従ってNHKが準備を進めていることと」が報告され、「本技研公開で実際の放送衛星を経由した8K衛星放送実験を実施し、カメラ、記録装置などの番組製作装置から高度広帯域衛星を用いた伝送装置、ディスプレイ、音響まで、放送局から家庭までをカバーして8K放送を一貫したシステムとして展示する」ことが述べられた。

確かに8Kのデモを会場で見ると圧倒される。精細度の高さは当然だが、臨場感が抜群で画像が立体的に見えるような感覚がある。素晴らしい。本当に素晴らしい。しかし……。

## NHKの高画質志向

高画質へのあくなき挑戦はNHKらしい姿勢、といえばいえるのかもしれない。日本のテレビ本放送は1953年2月1日午後2時に始まった。放送局はNHK東京テレビジョン局だけだった。日本初の民放テレビ局となる日本テレビ放送網が放送を開始するのはその約半年後の8月28日である。しかし放送免許が付与された順番はこの逆だった。

そこでは〝6メガ、7メガ論争〟と呼ばれる技術論が戦わされていた。

日本のテレビ放送標準方式を決めるに際して日本テレビはアメリカが先行して採用し

ていた6メガヘルツの帯域を使うNTSC方式の採用を主張した。それに対してNHKは7メガヘルツの帯域の採用を求めた。NHKは、ブラウン管の原理を発明し、「テレビの父」と呼ばれる高柳健次郎博士を擁して、高画質化や将来のカラー放送も視野に入れ、少しでも多くの情報を乗せられる広い帯域を選んで規格化しておくべきだと理想論を展開していた。そこには、7メガ方式が実現すれば放送設備が高価となり、設備投資分を受信料収入でまかなえるNHK以外のテレビ局の経営は困難を極めることが予想されており、民放という新しいライバルに対して優位に立とうとする思惑も実はあったともいわれる。

当然、日本テレビ側はそれを受け入れることはできない。6メガ方式であれば、アメリカから払い下げの設備を割安で入手でき、民間でもテレビ局の経営が可能になる。そこで日本テレビは「民主化した日本には民営化したテレビ局が必要」というロジックを展開して6メガの正当性を訴えたが、こちらも当時、日本テレビを率いていた正力松太郎の背後には、アジア地区の共産主義化を押しとどめる文化的な防波堤役をテレビに果たさせたいと考えていた米国の保守政治家たちの意向や、日本を「市場」としたい米国のテレビ産業界の思惑が控えていたこともまた事実だった。

こうしてどちらも主張の背後に打算を忍ばせつつ国会までをも舞台にして戦った技術論争で勝者となったのは6メガ派だった。日本のテレビ規格はNTSC方式となって先に放送免許が与えられたのも日本テレビとなった。

しかしNHKが高画質化を断念したわけではない。東京オリンピックの中継を成功裏に終えた直後に放送技術研究所はNTSCに変わる次世代テレビの研究を始めている。その成果の最初のお披露目は1985年のつくば万博であった。400インチの大型投射型ディスプレイを用いた「ハイビジョンシアター」が圧倒的な高画質で観客を惹きつけた。そして1989年には世界初のアナログハイビジョンの定時実験放送を始めた。当時の衛星放送2チャンネル分の帯域を使ってNTSC方式の5倍の画素数となる走査線数1125本、画面縦横比9対16の高精細画像が送られた。

しかしNHKはこのアナログハイビジョンを世界の統一規格にすべく、欧米で精力的な標準化工作を続けたが、そこに伏兵が現れる。台頭するデジタル技術はテレビにも及んだ。急成長したコンピュータ企業を多く擁していた米国がまず次世代ハイビジョンテレビの開発をデジタル放送方式で行うとし、欧州もこれに追従した。こうした流れの中で日本も遅ればせながら放送のデジタル化が推進され、鳴り物入りで登場したアナログハイビジョン放送は２００７年でひっそりと舞台を去っている。

そんな歴史を有するＮＨＫにしてみれば８Ｋ放送は「三度目の正直」なのかもしれない。今度こそ高画質テレビの世界標準を自分たちが主導して創り出す。それは既にＡＶ機器で採用例がある４Ｋではない。理想はより高く、８Ｋ放送を目指すのだ――。そんな意気込みについて直接聞いてみようと思って「技研公開」の直後に放送技術研究所に取材を申し込んだ。だが対応に随分と時間がかかり、結局、秋になってＮＨＫの広報部から文書で回答するということになった。

「８Ｋ技術開発の現状と今後の見通しについて」と質問すると「４Ｋと８Ｋは〝ファミリー〟と位置づけています。現在、テレビ市場の薄型・軽量・大画面化とともに、スマートフォン・タブレット市場の高精細化が急速に進んでいます。今後、多様なサイズの画面で４Ｋ・８Ｋが楽しめる環境が整ってゆくと期待しています」との回答。技研公開で感じたうなされるような熱気がすっかり冷えている印象を持った。

## 「第二次中間報告」による変化

ひと夏の間に何があったのか。２０１５年7月30日に総務省は「４Ｋ・８Ｋロードマップに関するフォローアップ会合」を催し「第二次中間報告」を発表している。実は８Ｋを巡っては何度か仕切り直しがなされて来た。最初は２０２０年の試験放送を目標としていた。それが２０１６年に前倒しされ、２０１８年までに実用放送開始と手前に引き寄せられた。そこに「五輪シフト」を想像することは容易いだろう。確かにオリンピックが８Ｋで中継放送できれば、そのインパクトは大きい。先の技研公開はそんな期待が膨らんでいる時期に開催されていた。

「第二次中間報告」はこれまでに決まった流れを確認するものだが、現実を意識する方向も打ち出されている。まず現実問題として今の地上波、ＢＳ放送、１１０度ＣＳ放送は周波数をほぼいっぱいに使って放送されているので、ただでさえ帯域を食う４Ｋ・８Ｋ放送を実現するための〝空き地〟がない。唯一の例外がＢＳ17帯域でここは地デジの難視聴地域対策用として地デジ各局が使っていたが、難視聴対策が進んでＢＳに緊急避難させる必要がなくなって使命を終えた。そこを使うことで16年の４Ｋ・８Ｋ試験放送は予定通り始められると考えられている。

　しかしそれ以外には放送を実施する〝空き地〟がない。そこで相当にアクロバチックな方法が検討されている。電波は波の振幅方向が地平に平行なものを水平偏波《へんぱ》、垂直なものを垂直偏波と呼ぶ。また振幅面を回転させる送信方式もあり、円偏波と呼ぶ。円偏波のメリットは偏波の方向がずれても受信できること。衛星放送では電離層で反射された電波の偏波面の特定は困難となるが、円偏波を使えばどの角度に傾いているか分からない電波を受信できる。

専門家には怒られるかもしれないが、イメージをつかむには地上波のテレビアンテナが背骨から骨が張りだした魚の骨のようなかたちなのに対して衛星放送のアンテナが皿形なのを思い出せばいいかもしれない。地上波の電波は骨の張りだした方向に振幅しつつ背骨の方向に進むので魚の骨型のアンテナになる。それに対して衛星放送の電波は振幅の角度を変えつつ送られているので皿形の受信アンテナが必要なのだ。角度の変え方が現在は右旋回なので右旋と呼ぶ。

ところが、これを左回りにすると同じ帯域で別の信号が送れる。４Ｋ・８Ｋ放送ではこうしてまだ使われていない左旋を使うことで活路を拓こうとしているのだ。

しかし左旋で使うには送信側、受信側にそのための新設備が必要だ。まず１１０度ＣＳで左旋対応の衛星が２０１７年から使える見込みが立っているので、左旋で４Ｋ試験放送をスタートする。２０１６年にはＢＳ17帯域を用いて従来の右旋での試験放送がＢ

Ｓで始まっているので、両者で試験放送を実施し、２０１８年には実用放送に発展させるとしている。

とはいえ、これらはいずれも４Ｋだ。８Ｋはどうなってしまったのか。

総務省のロードマップ資料に眼を凝らすと２０１８年にＢＳ左旋で４Ｋ、８Ｋの実用放送開始とある。これは、しかし、ずいぶんと未知数の多い計画だとはいえないだろうか。まずＢＳで左旋対応の送信設備を準備する必要がある、また、こちらは試験放送を受信する時からの問題だが、左旋で放送される番組を見るためには受信側にも新たなアンテナやチューナーなどを普及させていかないとならない。総務省が「ＮＨＫアイテック」に左旋受信可能世帯率の調査を依頼したところ、現在の衛星放送と同じくらいの世帯率で受信ができるのは２０２６〜27年という予想が出されている。期待含みの楽観的数字を出しがちな業界「内」団体の調査でもここまで先の話になるとは、どうもそうスムーズには進まないことは間違いないのだろう。こうして確認された、どうにも不都合な現実は８Ｋ熱の冷却剤として機能したのだろう。

放送の概念を変える新技術

総務省はこの中間報告を出した際の取材では「バランスを取って進めていくことが重要。受信機、放送設備、コンテンツの3つがバランスよく進まないと、〝三すくみ〟になってしまう。関係者と協議しながら受信機、放送、コンテンツが三位一体となって進むことが重要」とコメントしていた。総務省は立場上、シナリオの変更を認めることはできない。いろいろ前途多難であることはわかったので、改めて関係者間の調整を仕切り直しする。そのために必要なら一旦、足踏みもするが、時期が来れば捲土重来、再び高精細テレビ放送計画に息を吹き込み、ブームの再燃を狙うことになるだろう。

こうした行政と業界が互いに顔色をうかがい、間合いを計りつつも、結局は足並み揃えて前に進んでゆくところこそまさに「放送らしさ」だともいえようか。

電波を利用する放送メディアは混信を避けるために使用電波域を調整する必要があった。アメリカのＦＲＣ（連邦無線委員会。後のＦＣＣ＝連邦通信委員会）は誰がどの帯域を使うかを調整、決定し、使用免許を与えるために作られた独立行政委員会だったし、日本でも占領時代にＦＣＣに倣って電波監理委員会が作られた。電波監理委員会は先の日本テレビへの免許付与を最後の仕事としてサンフランシスコ講和条約施行後に廃止され、電波利用の許認可権は郵政省（後に総務省）の管轄となった。

言うまでもなく、電波は誰もが自由に使えるわけではない。公共の財産として国がその有効利用を図り、使用を認可する。

アナログテレビ時代には6メガで区切る形で12のチャンネルを利用できる帯域が放送用として用意された。その一つを使って放送開始されたNHKの契約数は1953年2月1日の放送開始時に僅か866件だった。日本テレビが先に免許を取得しながら開局が遅れたのは、テレビ受像機の普及が進まず、見ている人が少ないのならと企業が番組に広告を出すのを渋ったために、広告収入による経営というビジネスモデルが実施不可能だったからだ。この苦境を打開すべく、正力は街頭にテレビを設置して多くの人に番組を見せる環境を作り上げ、プロレス中継という人気番組を投入してテレビファンの数を増やしてゆく。やがて皇太子（今上天皇）と美智子妃のご成婚パレードのテレビ中継を契機にテレビの購入に拍車がかかり、59年には民放ラジオの広告収入をテレビが上回っている。以後、テレビ局は最も多くの人に情報を届けられ、最も影響力のあるメディアの地位を盤石とし、民放テレビの広告収入額もうなぎのぼりとなってゆく。だが、それは、東京では6局のみが放送を認められている寡占体制を背景としてもいた。このようにテレビ放送の歴史には常に許認可権の影が及んでいる。

多チャンネル時代の幕開けも、それを進めるべく、関連業界を調整した「国」の関与なしに語れない。結果的にBS、CS、そしてケーブルテレビの登場は、既存放送局以外の参入に門戸を開き、チャンネル数は増えた。とはいえこうした変化はまだ「放送」の枠組みの中にあった。しかし技術の進化は放送という枠組み自体を溶解させつつある。

たとえば放送とは「送りっ放し」の意味だったという説がある。1917年1月、欧州に向かっていた日本郵船の「三島丸」はインド洋上で「アフリカ沿岸にドイツの仮装巡洋艦が出没、警戒せよ」という意味の電文を受信した。当時は第一次世界大戦の最中で、ドイツは敵国や中立国の艦船の航行を妨害していた。その電文はケープタウン付近の英国の海岸局から発信されたようだったが、発信元を名乗らない、〝送りっ放し〟だった。この電文を三島丸の無線電信局長の葛原顕が「……の放送を受信」と記述したのが「放送」の最初の用例だという。この説の真偽は定かではないが、放送の特徴を見事に示しているとはいえる。放送とは一度限りの「送りっ放し」のメディアだった。

しかしそうした放送らしさを技術は様々に侵犯してゆく。録画装置の普及は見逃したら二度と見られない放送の特性を覆した。より大きな変化をもたらしたのは通信技術の趨勢である。通信端末として開発されてきた携帯電話が今やテレビ受像機にもなる。放送の側からは地デジ化の際に同じ放送内容を小さな画素数の番組として携帯電話に送るワンセグ放送を始めていたが、インターネットの普及進化により、ネット経由でも動画視聴が可能となり、その中には放送局が随時提供する動画ニュースや、蓄積して提供する番組も含まれる。

こうして放送は無線電波に乗せて送られるという前提自体が揺らぎ始めた。それは電波利用の許認可を通じて国が放送に影響力を及ぼす枠組みが崩壊する可能性が現れたことをも意味する。

4K・8Kの放送は帯域や関係業界間の調整なしには実現しないので行政の関与が必須だが、放送はただ高画質化のみを目指すのではない。インターネットとの連動もまた放送の変化のベクトルとしてある。単体でネット接続が可能なスマートTVも登場した。ソーシャルメディアではテレビ番組についての話題が消えることのない山びこのように繰り返し書き続けられ、録画とは違う意味で「送りっ放し」を無効にしつつある。ツイッターなどソーシャルメディア上の投稿を放送番組内に取り込むソーシャルTVの方向性も模索されている。

## テレビに風穴を開ける

変化の渦中にいるテレビ人は、どのように未来を見据えているのか――。

「20年以上前に未来のテレビ局はどうなるか、若手を中心に話し合ったことがあるんですよ」。フジテレビ報道局メディア担当局長の福原伸治が言う。

「この前、その時の資料が出てきました。まだネットが視野に入っていない頃でしたが、既に今のような状況を考えているんですよ。テレビはテレビ以外の色々なものにディストリビュートしていく。それに従って組織も変わっていくみたいな話をしていました」

京大経済学部を出て１９８６年にフジテレビに入社した福原は最新の映像技術を駆使した尖鋭的な番組作りに常に関わっていた。今後、インターネットの時代にテレビはどう変わってゆくか、それを尋ねるなら福原が最も適任だろうと考えてフジテレビ本社を訪ねていた。

福原の関わってきた番組には一種の「法則」があるように感じられる。入社1年後に関わったのが87年3月13日の深夜に放送された『TV's TV』。１００個のテレビの中にピクサーのＣＧ作品やアップルのゲームの画像、海外の天気予報番組や人工心臓のデモ映像など様々なコンテンツが１００個入っており、一つずつ順番にスイッチを入れて中身を見ていく、という趣向の4時間番組だった。今であればＹｏｕＴｕｂｅの動画を次々にクリックして見てゆくのに近い体験を放送番組で実現する試みだったといえる。

実際、福原はパソコンの最新インターフェイスからインスピレーションを得ている。次には1990年10月から1年間、やはり深夜帯に放送された科学情報番組『アインシュタイン』を担当。「製作へ移ってディレクターをやっていた時に自分で企画した番組ですね。マッキントッシュが日本に来始めのころで。あれ、格好いいじゃないですか。クリックするとピッとなって、何かそういう感じをテレビで出せないかなと考えた」。

しかしマッキントッシュのグラフィックユーザーインターフェイス（ＧＵＩ）の雰囲気を放送で再現しようとすると大々的なＣＧ映像を作らざるをえない。当時、放送用のＣＧは専用の大型コンピュータで生成しており、そのためには莫大な予算が必要だった。しかしクオリティで多少妥協すればアミーガというＣＧ製作に強いパソコンが販売されており、福原はそれを採用（自分でも買った）し、メディアアーティストの岩井俊雄と組んで番組を作った。それは華麗なフルＣＧ番組だったＮＨＫの『アインシュタインロマン』の30分の1の経費だった。「当時のテレビ局って、そういう民生機を使うのはあり得なかったんです」と福原は言う。

寡占体制の中でテレビ局が潤沢な経営基盤を築いたことは既に書いた。そうした歴史上に独特のメンタリティが培われる。失敗は許されない。品質を落としてはならない……。そんな無謬主義、完全主義的な企業風土の中でバックアップ体制を含めて高価なプロ用機材が使われてきた。そこで困難だったのはＣＧを作ること自体よりも民生機を持ち込むことだったのだ。

しかし最初に開かれた風穴を福原は少しずつ広げてゆく。92年10月からは今もしばしば語り継がれる伝説的子供番組『ウゴウゴルーガ』を担当。再び岩井とタッグを組み、またも民生機を多用し、チープだがセンスの光るＣＧを採り入れる。製作サイドでも当時出始めたマッキントッシュのＰｏｗｅｒＢｏｏｋをスタッフ同士で買ってＡｐｐｌｅＴａｌｋでネットワークを構築して台本データを送り合ったり、ニューヨークのアーティストとモデムを繋いで今なら一瞬で送れる１ＭＢのデータを一晩かけて送って貰ったりしていたという。

ちなみに筆者が福原とはじめて会ったのもＣＧを多用し、シュールなギャグをちりばめたユニークな早朝の子供番組について取材した縁だった。クロマキー合成するために背景を青一色にしていたスタジオを見学させて貰った記憶がある。青背景の前で演じる出演者は、画面上ではCGキャラクターと合成されて共演しているのだ。

「同期入社の技術のスタッフがいて、ある程度責任を持ってくれたのでバーチャルスタジオを導入できた。最初は収録して編集していましたが、半年目にはナマにも挑戦しました。そうしたらオンエア30分前になってもCG用のパソコンが立ち上がらないんですよ。これは参りましたね。クロマキーの前で子供たちに演じて貰って何とかしようと覚悟した時に突然10分ぐらい前に立ち上がった……」

『ウゴウゴルーガ』は93年に「2号」を派生させてゴールデンタイムへの進出を果たす。そこでは双方向的な番組作りを意識したという。「電話でテレゴングをやったりとか、電話声相撲というのがあって、電話の声の大きさでそれぞれの子供たちが描いたキャラクターで闘ってというのをやったりとか」。

## 双方向性を意識したテレビ

テレビが双方向性を意識したのは、実は地デジ時代にインターネット回線を通じて視聴者アンケートが取れるようになったり、ソーシャルメディアが普及したりしてからではない。大見崇晴『「テレビリアリティ」の時代』は、テレビ放送が始まった1953

年に放送開始されたＮＨＫ番組『ジェスチャー』にクイズ問題を視聴者が投稿できた双方向性が既に用意されていたと位置づけている。そこからソーシャルメディアの台頭と相前後して舞台から去っていったみのもんたの『午後は◯◯おもいッきりテレビ』の電話相談コーナーまで、テレビは一貫して双方向的でありえたのだ。『ウゴウゴルーガ2号』は、こうしてテレビが宿していた双方向性への志向をあえて可視化したと言える。１９９４～95年に放送された『学校では教えてくれないこと!!』ではニコニコ動画が登場するはるか前の時点でテロップをコメント的な役割で使っている。双方向的に関わりあえるメディアを持ちたいという志向はテレビやネットといったメディアの別を超えて潜在していた可能性のひとつだったのだろう。

そうした可能性に気づき（20年以上前の若手会議はその機会になったのではないか……）、ネットに先駆けていち早く浮上させるのが福原の番組作りだった。インターネットが普及し始めると、そこで実現された表現の形式を利用する方法を模索する。Ｗｉｎｄｏｗｓ95発売の翌年にはクイズ形式の買い物番組『買物王』を担当、番組のウェブページを試作した。２０００年にはアパレルブランドの「シャネル」が恵比寿で展開した「Ｃｈａｎｅｌ　Ｍｅｇａ　Ｓｈｏｗ」をストリーミング生配信。ＩＴバブルの象徴のひとつだったインターネット博覧会「インパク」ではウェブとの連動番組として「秘密倶楽部o-daiba.com」を製作した。

そしてネット民との「出会い」も経験した。2006年に公式ホームページ上のデジタルマガジン「少年タケシ」の編集長を兼任。2008年にパフュームとコラボをしてMVを作る企画を実施する。「当時のパフュームはまだマスメディアで人気が出る前、むしろネットで話題だったんですよ。こんなに素晴らしいグループがいるってYouTubeとかニコニコ動画でプロモーション動画をファンが勝手に作ってアップしていた。これをオフィシャルに出来ないかと考えてネット上で『SEVENTH HEAVEN』という曲のMVを募集した。たくさんの応募をいただき、実際にメンバーに見て貰って選考をしました」。

大賞受賞作はヘタウマ調のパラパラ漫画のような作品だったが、パフュームのメンバーが感動して涙ぐんだというエピソードがある。福原にとってもネットが才能を発掘することを実感させられる経験となった。

しかし、こうして数多くのネット連動の経験を積んできた福原は、改めてインターネットの時代に「テレビらしさ」を見詰め直そうとしているように感じた。たとえばツイッターで話題になる番組がある。ジブリの『天空の城ラピュタ』が典型で、再放送時に番組内で「バルス！」の呪文が唱えられる瞬間にツイッターでも一斉に「バルス！」と書き込み、システムがダウンするかどうかで盛り上がる習慣ができた。こうしてソーシャルメディアのおかげでテレビに新しい角度から光が当てられる状況もあるが、福原は「そういう番組もあるというだけじゃないかなと思うんですよ」と言う。「紅白とかサッカーとか、ソーシャルメディアでお祭りになる番組もありますが、全ての番組で視聴者の参加があるかといえばそうではない」。

テレビは見るだけの人が圧倒的に多い。双方向性をテレビに持ち込む実験をしてきた福原はそう実感している。そして録画で見る人もさほど増えたわけではない。

「僕は共通一次のテストを受けている時に、いま、30万人が同じ問題を解いているんだなと気づいて、すげえと思ったんですよね。でも考えたら、テレビって日々それをしているわけじゃないですか。おじいさん、おばあさんが一人でテレビを見ているのは、面白いというのだけでなく、この時間に同じように見ている人がいるというのをどこか無意識のレベルで感じていて、自分は一人じゃないという感覚を共有しているのかもしれない。テレビにはそうしてみんなをつなぎとめるという役割もあるのだと思います」

## 融通無碍なメディア

確かにテレビは国民レベルの広がりで共通の時間軸を提供するメディアだ。放送される番組はまさに可視化された時間であり、過ぎれば消えてゆく。

放送が「送りっ放し」であることをマスメディアは無責任だとか、上から番組を押し付ける姿勢は問題だとか批判する向きもあるが、実はテレビは双方向的でもあろうとしてきたのであり、その批判は的を外している。

テレビの「送りっ放し」とは、双方向性の排除よりも、受け取る側に解釈を委ねつつ、時と共に流れて行く性格を意味していたのではないか。たとえば文字のメディアが出来て以来、メディアは記録の機能を担ってきたが、放送メディアは近代以後のメディアとして記録を目指さない希少な存在だった。録画の普及やネットでの言及などにより「送りっ放し」で済まなくなっている状況は相対的には認められるが、それでもなおテレビの本質が今でも流れゆく時間の共有にあると考えることは可能だろう。

時間を共有する本質が核となって様々な属性がその周囲に配置される。双方向的に関わってもいいし、ただ受動的に眺めているだけもいい。４Ｋ・８Ｋの高画質で見てもいいし、スマホの小さい画面で見てもいい。深刻なドキュメンタリーがあってもいいし、軽薄なバラエティにも居場所を提供する。ぼんやり見ていて何か得ることもあるし、何も得ずとも誰も叱らない。見終えたら忘れてしまってもいいし、録画して繰り返し見てもいい。

このように「おおらか」だからこそテレビは様々な差異を含む国民コミュニティに広く受容されるメディアになれた。マルチデバイス化、ソーシャルテレビ化、ハイブリッドキャスト化……通信技術との融合を通じて様々な新しいテレビ像が話題になっているが、そうした多彩な展開はおおらかなテレビの上にある。許認可権に縛られて政治家や官僚の顔色を見たり、商業放送の場合には広告主の意向をうかがうこともあるし、視聴率主義に流されて俗情と結託することもあるが、時には時代を先取りした演出を試みたり、バラエティの中に辛辣な風刺を交えて国や生温い市民社会に一矢報いることもある。テレビはこのように融通無碍だ。今までのテレビ論がどこかしっくりこなかったのは、こうしたテレビの融通無碍に向き合う広さと深さを持てず、結局はテレビという釈迦の掌の上で暴れる孫悟空になるだけだったからではないか。

とはいえ多様な経験に開かれるおおらかさの核となるコンテンツにはそれ相応のクオ

リティが求められる。「たとえばニコニコ動画（ドワンゴが提供する動画共有サービス。動画上にユーザーが独自にコメントを書き込み、それを含めて動画コンテンツを共有できるのが特徴。次章で詳説する）の場合、コメントが上書きされて一つのコンテンツとなっているんですね。コメントなしで見られるコンテンツがあるかといえばそう多くはない。その意味でテレビとは全く違うものだなと思う」と福原が言う。テレビという装置の中で表示される番組には独特の「テレビらしさ」があり、そうした「らしい」番組を作れる才能を育て、その才能を生かす組織を作ってきたのは——もちろん改善すべき問題も多々あったのだろうが——やはり国民的メディアとして六十余年となるテレビの歴史だった。

しかし、釈迦の掌は少しずつ痩せてきている。「放送」の仕組みを通じた政府の関与は政権次第で変わるだろうが、「放送」を巡る構造変化は今後も続いてゆく。ネットの登場はテレビの一人勝ちを許さず、たとえばテレビ広告費は２００４年に２兆４３６億円あったが２０１４年には１兆８３４７億円まで減った。それでもメディア別で統計を取れば最大の広告収入額を稼いでいるので民放テレビのビジネスモデルはまだまだ安泰とも言えるが、いつまでも安泰とは言えない。あるいは全てが安泰ではない。肉が落ち始めた釈迦の指の隙間からいち早くこぼれ落ちるのはコンテンツとしてパッケージして売り出す二次使用が難しいニュース番組や情報番組ではないか。

そこでネットの力を用いて報道に新風を吹き込む挑戦が始まっている。福原は24時間インターネット放送局「ホウドウキョク24」のプロジェクトリーダーでもある。「何年か前にネットニュースを24時間でやる企画を1回提出したことがあったんですね。それで2014年、報道に移ってきて、2015年の4月に立ち上げました」。

報道こそ刻々と流れてゆく時間に沿って送信されるテレビらしいコンテンツだった。しかし報道には経営という概念と馴染みにくい性格がある。

スクープがいつでも取れる取材体制を維持するには経費がかかる。今までは「放送の公共性」の概念の中に「報道によって国民の知る権利に応えること」が真っ先にあげられていたので、経費がかかりつつもそうした報道体制が維持されてきた。しかし経営が厳しくなってくると、放送局も背に腹は代えられなくなってくる。報道体制の弱体化は民放局の多くで聞かれる話だ。

「そうしない方向を模索するのが『ホウドウキョク』の使命のひとつでもあるんですね」。かつて低予算のCGに挑戦した福原が、今、報道番組の低予算運営に挑戦している。

「スタジオを後で見て頂ければわかりますが、どこまでローコストで、人とお金をかけずにやっていけるかを考えています。僕らは番組1時間当たり、5万から10万でつくっている。例えばゴールデンやプライムだと普通1時間で何千万円かかかるし、朝の情報番組だって1時間500万とかするわけで何十分の一の予算でやっています」

実は「ホウドウキョク」が安く運営可能なひとつの理由として、今はテレビの報道コンテンツを利用していることが大きい。自前の取材をかけなくていいのだ。しかし、いつまでもそのままでは報道というテレビの機能をネット時代に存続させる挑戦にはならない。

「これからはネットの情報をどうやって拾い上げていくか、それこそWeb2・0的に普通の人々の意見をどう反映させていくか、或は調査報道的なものを、おカネをかけずにいかにやっていくかを考えてゆく。今までテレビとネットの連動としてやってきたのは、ネットの要素をテレビに取り込むものでした。ホウドウキョクはテレビのものをネットに出そうとしている。未知の領域に踏み込むので、やっていく中で多分いろいろなものが見えてくるのではないかと思っています」

果たして今後テレビの命運やいかに。次章ではネット側からアプローチしてみたい。

# 第八章　ニコニコ動画が誕生するまで

前章ではテレビというメディアが放送と通信の「融合」の時代にどう変わってゆくかを、放送界の側に軸足をおいて論じた。しかし、今や動画コンテンツはテレビで放送されるだけではなく、インターネット通信を経由しても配信されている。

最初に、それを語るに相応しい人物による象徴的なエピソードの紹介から始めよう――。

「スタジオジブリの鈴木敏夫さんとは20年来の友達なんですが、彼の恵比寿の事務所に遊びに行った時、鈴木さんの見習いと称する川上さんと会った。川上さんは〈ぼく、ニコニコ動画っていうのをやっているんですよ〉って言っていたんですね」

当時、日本テレビの制作局エグゼクティブ・プロデューサーだった吉川圭三が言う。

「僕はそれまでニコニコ動画を観たことがなかったので家へ帰ってさっそくネットに繋

いでみました。襖の前でただ踊っているだけの女子高生をカメラ1台で撮っているものでした」

素人の作品なのだが、踊りを精一杯工夫し、真剣に楽しんでいる様子がよく伝わってくる。プロでは思いつかない予想外の展開も多々あるし、画面に流れるコメントのツッコミも面白い。その動画は、日テレで『世界まる見え！テレビ特捜部』『特命リサーチ200X』『恋のから騒ぎ』などを担当した辣腕テレビマンの心を強く揺さぶった。

「それで川上さんに次に会った時に〈「踊ってみた」ってすごいですね。踊ってるだけなのに面白いじゃないですか〉と伝えたら、とても喜んでくれました」

このやり取りが機縁となって吉川は2013年にドワンゴに籍を移し、現在は同社会長室エグゼクティブ・プロデューサーを務める。インターネットを経由して動画を配信するニコニコ動画は、そこまで強く吉川に新しい可能性を感じさせたということだろう。

## 対戦型コンピュータゲームの進化

ニコニコ動画が誕生するまでの経緯についてはITジャーナリスト・佐々木俊尚『ニコニコ動画が未来を作る』（アスキー新書）に詳しい。ドワンゴ（DWANGO）の名はアメリカのＩＶＳ（Interactive Visual Systems）という会社が全米23都市でフランチャイズ展開していた、ネットワーク経由でのコンピューターゲーム対戦を実現する技術Ｄｉａｌ-ｕｐ Ｗｉｄｅ Ａｒｅａ Ｎｅｔｗｏｒｋ Ｇａｍｉｎｇ Ｏｐｅｒａｔｉｏｎの頭文字を取ったものだ。この技術にいち早く目をつけたのが、吉川が恵比寿で会った「見習いと称する川上さん」こと、現ドワンゴ会長の川上量生《のぶお》だった。１９９５年頃、川上は「ソフトウェアジャパン」というソフト卸の会社で企画業務を担当。ＤＷＡＮＧＯを日本に導入するライセンス交渉を進めていた。

それはコンピューターゲームの世界が様変わりしようとしていた時期でもあった。マイクロソフトは既にパソコン用ＯＳのＭＳ-ＤＯＳで圧倒的シェアを誇っていたが、その座に甘んじず、より使いやすいＧＵＩを搭載した新ＯＳのＷｉｎｄｏｗｓを開発、バージョンアップを重ねながら本格的普及を狙っていた。だが、そこにひとつの誤算があった。Ｗｉｎｄｏｗｓではメモリー保護のためにビデオカード、キーボード、マウス、サウンドカードなど様々なシステムパーツに直接アクセスができず、全てＯＳを介する仕様になっていたので、迅速な動作を要求されるゲーム作りには不向きだった。実際、ゲーム製作者は新しいＷｉｎｄｏｗｓよりも使い慣れたＭＳ-ＤＯＳにこだわる傾向があった。そこでマイクロソフトは、Ｗｉｎｄｏｗｓ環境でプログラムの自由度を上げる仕組みとしてＤｉｒｅｃｔＸを作り、日本でもＤｉｒｅｃｔＸ技術を用いたゲーム作りを促進する体制を敷いた。

そこで注目されたのが１９９５年にいち早くＷｉｎｄｏｗｓ用ゲームＷｉｎＤｅｐｔｈを作っていたBio_100%だった。東京・多摩地区で展開していたＳＴＵＤＩＯ☆ＦＥＭＹという草の根ＢＢＳ（パソコン通信の電子掲示板サービス）に集まったゲーム好きが中心となって結成されたBio_100%はパソコン通信を通じてオリジナルのゲームを数多く無償提供。やがてアスキーネットやＮｉｆｔｙ-Ｓｅｒｖｅといった商用パソコン通信にも活動範囲を広げ、ゲームクリエイター集団としての知名度を全国的に高めていた。

ＷｉｎＤｅｐｔｈは91年に発表されたＭＳ-ＤＯＳで動くＰＣ９８００用シューティングゲームＳｕｐｅｒＤｅｐｔｈを改造したものだったが、当時、一般に開放されるようになったインターネットを経由してユーザーがBio_100%のサーバーに接続、ハイスコアを全国で競い合う機能を実装していた。ＷｉｎｄｏｗｓへＯＳが世代交代する時期はインターネットの普及過程とも重なっていた。

マイクロソフトはＷｉｎＤｅｐｔｈを開発したBio_100%の中心メンバーで当時ＮＴＴデータに勤めていた森栄樹と接触、Ｗｉｎｄｏｗｓゲームの普及を進める仕事を依頼する。そしてマイクロソフトに転職した森が川上と出会う。米国マイクロソフトはＩＶＳと提携し、ＤＷＡＮＧＯはＤｉｒｅｃｔＸに組み込まれたプログラムの一つでインターネットを介したゲーム対戦を実現するＤｉｒｅｃｔＰｌａｙにいち早く対応していた。日本でもＤＷＡＮＧＯが利用できるようになればＤｉｒｅｃｔＸを使うゲームが増えるだろうとマイクロソフト側は期待した。

しかし、森が川上と商談を始めた矢先、ソフトウェアジャパンは倒産してしまう。孫正義率いるソフトバンクにシェアを奪われた結果だった。そこで日本マイクロソフトはＩＶＳの日本法人を設立し、引き続きＤＷＡＮＧＯの日本国内での普及事業に当たるように川上に掛け合った。有限会社ドワンゴ・ジャパンはこうした紆余曲折を経て１９９６年に設立された。

やがて有限会社ドワンゴ・ジャパンは株式会社ドワンゴとなり、森やBio_100%のメンバーもそこに合流する。ゲーム製作でプログラミングの腕を磨いたスタッフはマイクロソフトから受託したドリームキャスト用Ｗｉｎｄｏｗｓ　ＣＥの技術サポート業務などゲーム関係の仕事を多く手掛けていたが、ｉモード携帯電話が登場するとアプリ開発に乗り出し、99年には最初のｉモード携帯ゲーム「釣りバカ気分」を完成させている。

２００１年には着メロ事業にも進出。ｉモードサイト「16《いろ》メロミックス」は後発組ながら、本格的な音楽再生を実現して人気を博す。サンプリング音源がケータイで使えるようになると着信を声で伝える「着ボイス」もメニューに加え、ミュージシャンのＧａｃｋｔを起用し、話題を集めた。

しかし、やがてデータ通信速度の向上、通信料定額式の「パケ放題」の普及が着メロ業界に逆風として吹く。オリジナル楽曲をそのままダウンロードする「着うたフル」がレコード会社主導で始まり、着メロで稼いでいたケータイ向けコンテンツプロバイダーは軒並み苦境に陥った。

モバイル事業の売り上げが一時は9割を占めていたドワンゴもモバイル事業以外に活路を見出す必要があった。そこでドワンゴのメンバーが興味を持ったのが２００５年にサービスを始めていた動画共有サービスＹｏｕＴｕｂｅだった。実はドワンゴは「パケラジ」というケータイ向けの動画配信サービスに着手したことがあった。その時は通信速度がまだ遅く、時期尚早で、鳴かず飛ばずに終わってしまったが、今なら別の展開がありえるはずだ。自分たちが動画共有サイトを作るなら、どのようなアイディアがそこに盛り込めるか――。日々ブレインストーミングが重ねられたという。

## YouTubeに真似されない

画面上にコメントが次々と書き込まれて流れてゆくニコニコ動画のアイデンティティともいえるスタイルはどのように作られたのか。ここは佐々木の著作に頼らず、川上自身の言葉で直接、説明を聞きたかった。質問表を送ってしばし待つ。14年5月にKADOKAWAとの経営統合を発表。以前にも増してその一挙手一投足に注目が集まる川上が、多忙なスケジュールの合間に取材に応じてくれたのは幸運だった。

ニコニコ動画のプロトタイプを作る時に最初に意識していたのは、番組を見ながらユーザーがコメントを書き込んでゆく2ちゃんねるの「実況板」だったという。しかし2ちゃんねるの場合、動画自体が画面内に表示されるわけではない。そこで動画とコメントを一緒に見られるようにできないかと考えた。

「コメントを表示する場所を、画面の下にするか右にするかとか、いろいろ研究をしていたんです。そこにオプションとして画面上にコメントを重ねて出すモードを加えようとしていたんですよ」

銀座の歌舞伎座タワーにオフィスがあるドワンゴ本社の応接室で、川上が説明を始める。「ところがプロトタイプをつくったエンジニアは、オプションだったはずのコメントが画面に重なる表示方法をデフォルトにして、しかも、それ以外のモードを作っていなかったんです」。つまり、それは事故に近かった。「『何やってんだ、おまえは』と言っていたんだけど、できちゃったからと試しに使ってみたら、そのうち面白くなってきて、これはこれでいいだろうとなった」。2ちゃんねるの実況板では盛り上がると大量の書き込みが短時間に集中して寄せられ、番組を見ながらすべてのコメントを読むのがほとんど不可能になることがあるが、それをむしろ面白がる文化があった。「動画画面上に表示されるコメントでも同じようなことが起こせるだろう」と川上は考えたという。

その際、面白さに気づくまでに1週間以上かかったことを重視したという。

「僕らが動画共有サービスを始める時に気にしていたのは海外企業の動きで、コメントを表示するスタイルも、たとえばYouTubeに真似されたらその時点で終わりだと思っていたんですよ。でも、2ちゃんねるの文化に慣れている僕らでもコメントが大量に書き込まれて画面自体が見えなくなる面白さに気づくまでに1週間かかったんだから、外人が見たらクレージーだとしか思わないだろう。だから逆にこれならいけるなと思ったんです」

この逆転の発想がもたらしたものは大きかった。YｏuTｕｂｅのような動画共有サービスの主役はあくまでも動画コンテンツであり、ユーザーは配信される動画の視聴者としての受動的な立場に留まる。ブログのようにコメント欄が設けられていたとしても、「主」の動画コンテンツに対して「従」の位置づけだ。

ニコニコ動画はそうではない。動画のツッコミどころについてコメントし、そのコメント自体が面白ければそれについてコメントが重ねられる。動画を作ってアップロードすることまでは出来ないユーザーでもコメントなら簡単に参加できる。

しばしば発生する、次々と重なって流れて画面を覆い隠してしまうコメントの「弾幕」状態は、動画コンテンツを「主」とする従来の動画共有サイトでは邪魔もの扱いされること必定だが、ニコニコ動画では、2ちゃんねるの実況板同様にそれをむしろ楽しんでしまう文化が形成された。そこでは視聴者の側からの表現であるコメントがコンテンツとして「主」となり、動画の方がむしろ「従」となっているのだ。

結果としてニコニコ動画は動画共有サービスの世界で他に類をみないものになった。

擬似同期を捨てる

その特徴をメディア研究者の濱野智史は「擬似同期」という概念で説明している。濱野の『アーキテクチャの生態系』の議論を整理して紹介するなら、ニコニコ動画で、あるユーザーが動画再生時間〈1分31秒〉のタイミングでコメントを投稿した場合、そのコメントは別のユーザーが同じ動画を再生した時にも〈1分31秒〉のタイミングで画面の再生動画上に、右から左へと流れるように表示される。そのタイミングで他のユーザーがコメントをすれば、あたかも同じ画面を一緒にみながらワイワイガヤガヤと会話を交わしたり、ツッコミを入れたりしている「かのような」視聴体験が可能となる。「かのような」というのは、客観的にみればニコニコ動画で人々はばらばらのタイミングで動画に対してコメントを投げかけているので、それ自体は時間を共有しない「非同期的」なコミュニケーション行為なのだ。にもかかわらずニコニコ動画のアーキテクチャーでは「非同期的」に投稿されている各ユーザーのコメントを、動画再生のタイムラインと「同期」させることで「視聴体験の共有」を擬似的に実現する。

　こうした「アーキテクチャー」設計の妙によってニコニコ動画は放送とインターネッ

トの「いいとこ取り」をしたと濱野は評価する。放送はレコーダーの普及によって聴き逃し見逃しても後でフォローできるようになったが、本質的には送信時間に立ち会わなければ受信できない同期型メディアである。それに対してインターネットは電子メールもブログも送信者が情報を送出する時間と受信者がそれを受信する時間が重ならない非同期型メディアだ。ニコニコ動画は非同期型メディアのインターネットでありながら、同期的体験を擬似的に実現させている。「この特性は筆者には、ニコニコ動画こそがまさに『通信と放送の融合』、つまりインターネットとマスメディア（テレビ）の融合を実現したように思われます」と濱野は書いている。

だが——。ニコ動はその評価を振り切るように「同期」実現の側に裾野を広げる。2007年12月25日にライブストリーミングの「ニコニコ生放送」をサービスに加えたのだ。

「僕はニコ動のコメントをずっと見ていますが、最初の1年間、ユーザーの70％か80％ぐらいの人は自分がリアルタイムで配信されている動画にコメントをつけていると思っていたんですよ。つまりほとんどの人は擬似同期を同期だと誤解していたので、もし非同期だとばれたら書かなくなるなと思っていました。僕はパソコン通信の初期からネットを使っていましたが、コアなユーザーが多く、活動が活発だった当時でも、積極的に書き込むユーザーは全体の5％程度。その後割合はどんどん下がって、ROM（Read Only Member：自分では書き込まず人の書き込みを読むだけのユーザー）が増えていきました。ニコ動でもリアルタイムじゃないとばれたら書き込みが減るなと思って、生放送に舵を切りました。擬似同期という革命をしたのに何で普通の生放送をやっているんだと批判も受けましたが、予想どおりコメントを書く人はみんな生放送に流れましたね」

しかし「生放送」の言葉こそ使えど、ニコ動がテレビに近づこうとしたわけではなさそうだ。「リアルタイムに立ち会わなくても参加できる擬似同期の良さはもちろんあるけれど、ネットでコメントを書くような若者はコミュニケーションしたいんです」と川上は言う。ここで「コメントを書くような若者」とは川上がよく使うネット（原住）民という概念と重なるのではないか。ネット民とは人間関係の構築が苦手で、現実世界よりも新しく登場したインターネットの中の世界を居場所にしようとする人たちのことを指す。ネット空間が彼らの安息の場になるのは、直接顔を合わさないで済み、ハンドルネームなどの仕組みによって現実世界から切り離され、様々に作り上げられた暗黙のルール体系、独特の楽しみ方のノウハウの蓄積を理解すれば彼らでもコミュニケーションが取れる場所になっているからだろう。

そんな「ネット民」気質に配慮しつつも、よりリアルなコミュニケーションの場を提供しようとする姿勢を川上には感じる。仕掛けに気付いてしまえばかえって孤独感が深まりかねない「擬似同期」よりも「真性同期」の方がコミュニケーション欲求の充足度が高い。生放送ならコメントを書けばそれに反応してその場で新たにコメントが書き込まれるかもしれないし、生放送の配信者がリアルタイムで反応するかもしれない——。そんな期待に応えてニコニコ動画は生放送に舵を切ったのではなかろうか。

そして、目的がコミュニケーションの実現である以上、その最適化のためにアーキテクチャー設計に工夫する。「UGC（User Generated Contents：サイトの利用者が製作したコンテンツ）のサイトを作る時、いかにコンテンツを投稿してもらうか、いかにコンテンツを集めるかということをみんな考えるんですけれども、僕は逆だと思っています。集めないといけないのは視聴者なんですよ」。カラオケが典型的だと川上が言う。

「カラオケボックスにいるのって観客じゃなくて歌う順番を待っている人ですよね。みんな自分のコンテンツを出したいという自己顕示欲が強く、人の歌なんか聞きたくないんですよ。つまり足りていないのはコンテンツではなく、むしろ聞き手なんです。なので僕らはユーザー向けのインターフェイスの作り込みは頑張ったけれど、生放送のしやすさというのは敢えて無視しました。コンテンツを作る人はむしろ少ないほうがいいと思っていた。放送した人が楽しいというのはもちろん重要だけれど、楽しければハードルは多少高くてもやりますよね。そこで最初は放送枠を制限して、50人しか同時に放送できないことにした。結果的に生放送枠の争奪戦が大変になって1時間ぐらいクリックし続けてやっと30分放送できるとかになっていましたが、そこまでしても客が多くいるからニコ生で放送したい、他のところでは放送する気になれないと感じさせる環境を作りました」

こうした発想の原点に「ゲーマー」だった自身の経験があるという。「僕は対戦型のゲームが好きで、最初はモノポリーみたいなボードゲームで遊び、その後、PCのオンライン対戦ゲームでずいぶんと遊びました。この2つの趣味の特徴は何なのかといったら、対戦相手を探すのがすごく大変なんです。そこで何をするかというと、友達とやる時に、まず遊び方を教えてあげて、一緒に対戦してぼこぼこに負かすと二度とやってくれないから、適当に負けてあげて。そうして苦労して作ったコミュニティをどう維持、運営していくのか、みんなが離れないように、貴重な仲間が減らないようにどうすればいいかを常に考えていないと趣味が維持できなかったんです。そんな経験が根本にあるので、ウェブサイトを設計する時にも本当にマッチングが成立するかということへの関心がすごく高いんですよ」。

こうしてユーザーの立場を考えて丁寧に作り込まれたニコ動のアーキテクチャーが様々なコミュニケーションを誘ってきた。吉川を感動させた「踊ってみた」も多数のユーザーが作品を競う人気カテゴリーになった。初音ミクなどのボーカロイド作品の発表メディアとしてもニコ動は一世を風靡し、人気となった音楽家がメジャーデビューを果たすケースも見られるようになった。

## 地上波に出ないドキュメンタリー

そんなニコ動は2015年に更に新しい裾野を広げた。ちょうど安保法案の委員会採決が行われた7月15日、記者会見で川上はこう語った。「アジアの国で反日ドラマ・反日映画が公開されていると聞くが、実際にそれがどんなものなのか、見た人はほとんどいないと思う。じゃあ見てみようじゃないか、地上波には出ないようなものが沢山あるんじゃないか。無いものについてはいっそ自分たちで作ってしまおうと。テレビでは絶対流せないようなことをやりたいと思っている」。

ニコ生の新しいシリーズ「ニコニコドキュメンタリー」の旗揚げだった。その仕掛人が日テレからやってきた吉川だった。

「ドワンゴに移ってきて川上さんと2人で中華料理を食べていた時、BBCのスタッフにドキュメンタリーを撮らせたらどうですかって提案したんですよ。その時は日本のサブカルでも、田舎の高校生でもいいけど、外の視点で撮ってもらったら面白くなるとか、ごく軽い気持ちで言っていたんです。そうしたら〈吉川さん、BBCを製作スタッフとして呼んでこられるんだったら、日韓問題やりましょうよ〉と言われた。いや、ズドンと来たなと思いました」

そして吉川は『世界まる見え！』の頃から付き合いがあったBBCワールドワイドの日本支社に交渉に赴く。そこで実際の取材と編集に当たるイギリスの製作会社ブレイクウェイを紹介され、ドワンゴ、BBCワールドワイド、ブレイクウェイの3社共同製作体制で日韓問題を扱うドキュメンタリーを撮ることが決まった。

吉川が製作中のエピソードを紹介する。

「元従軍慰安婦の家に取材にゆくと〈日本軍はひどいことをした、こんなことをされた、あんなことをされた〉と証言しますね。それは予想していたことですが、元慰安婦の女性が〈それを助けていた韓国人もいた〉と言うわけですよ。これは日本人の前では絶対しゃべらない話でしょう。我々はその証言シーンを見たときにやったと思った。イギリス人に作らせた甲斐があったなと」

こうして8ヶ月をかけて完成にこぎつけた『タイズ・ザット・バインド』は２０１５年7月30日の午後10時からニコ生で配信された。視聴を会員以外にも開放し、韓国語の字幕もつけた。配信後、辺真一（コリア・レポート編集長）、平沢勝栄（衆議院議員・日韓議員連盟幹事）らを交えた討論会も開き、それもニコ生で流した。

ニコニコドキュメンタリーはオリジナル製作だけでなく、日本では見られない作品を流すことにも積極的だ。記者会見での川上の言葉を裏切ること無く、中国の若手監督・陸川が南京事件を素材に撮った、いわゆる「抗日・反日映画」の『南京！南京！』を8月18日に配信。これは事件として中国の「人民日報」や新華社通信に大きく取り上げられた。２０１６年2月7日には春節に放送され、中国13億人のうち7億人が見るといわれる中国版紅白歌合戦「中国中央電視台春節聯歓晩会」を配信。ネット民に人気の小林幸子が見どころを解説する前座番組も話題を呼んだ。

確かにニコニコドキュメンタリーでは日本のテレビでは流されそうもない作品を取り上げ続けている。しかしそれを中立公平を求める放送法に縛られ、放送できないタブーを多く持つテレビに代わって、ネットが動画コンテンツを流したと考えると問題の本質を見失うと川上は言う。

「たとえばうちの場合、政治的な作品を流した後に討論会をやっていろいろな意見を紹介していますが、中立性を担保する方法はこのように色々あるわけでしょう。それなのにテレビが放送しない理由って、放送法云々ではなくて単純に採算の問題だと思うんですよ。『タイズ・ザット・バインド』を放送しても多分視聴率はとれない。スポンサーもつきにくい。要するに、ビジネスにならないからやらない。しかし、ビジネスにならないのは、実はニコニコでも同じなんですよ。あれをやる合理性はネットでもない。採算を考えたら、あれはネットでもやってはいけないプロジェクトだった」

にもかかわらず、ネットでは流せたのはなぜか。「もしネットに有利さがあるとしたら、まだ競争原理があまり持ち込まれていないから、何が採算かみんなよくわかってない。だから不合理なことをやってもばれにくい。更にネットの可能性みたいなことで勝手に誤解をしてくれる人がいるから」。そう前置きして川上は言葉を続けた。「ただ、より本質的なのはビジネスに対するスタンスの違いだと思っています。流せるものはなんでも流す〈土管〉みたいなメディアを目指すんだったら経済合理性を追求することは重要でしょう。でも歴史に名を残すようなメディア人は〈土管〉を作ろうとしたのではない。自分の思想なり哲学なり理想を実現しようとして、そのための手段としてメディアを使ったのだと思います。そこで最も重視されたのは、実は採算ではなかった」。

川上の話を聞いていると、放送か通信か、テレビかネットかという対立軸で議論することの狭さを思い知らされる。確かに本当に考えておくべきことはもっと別のことなのではないか。

## コメントとコンテンツの融合

ここで少し時間を遡ろう。ニコニコ動画では2012年1月、世界コンピュータ将棋選手権で優勝したコンピュータ将棋ソフトと米長邦雄永世棋聖の対局を生中継して話題を呼んだ。以後、「将棋電王戦」としてシリーズ化されるが、それを川上は「人間とコンピュータが共存するための実験」と語る。

しかし、その実験は、実はコメントをコンテンツとする、そもそものニコニコ動画のスタートの時から始められていたのかもしれない。
「ライバルのＹｏｕＴｕｂｅ、いや、ニコニコ動画が始まる前にもうＧｏｏｇｌｅに買収されていましたからＧｏｏｇｌｅということになりますが、Ｇｏｏｇｌｅ的価値観って何だろうと考えると、それは人間の排除だろうと思うんですね。機械にできることは機械がやるという考え方に駆動されている。Ｇｏｏｇｌｅ的価値観、あるいはアメリカの価値観には最終的なゴールがあり、たとえば検索結果でも最適解が想定されていて、そこに向かって収束させていくために集合知を機械が利用してゆく。僕たちは、そうじゃなくて、集合知が収束しないで延々とループするようなものを作れないかと考えた。その場合、人力の要素を何らかのかたちでアーキテクチャーに取り込まないといけない。そこからコメントをコンテンツと融合させるという方法論が出てきたわけです」。取材の席で川上はそう述べていた。

　Ｇｏｏｇｌｅ的価値観は、ウェブサイトの間に貼り巡らされたリンク構造を数値化し、リンクされている数を計ることで人々が感じているウェブページの重要度をシミュレーションするページランクの技術を生み出した。こうして人間の思考や行動パターンをシミュレーションする技術は、やがて人工知能の研究開発に投入される。コンピュータ相手のゲームは将棋電王戦の専売特許ではなく、Ｇｏｏｇｌｅ傘下のディープマインド社は囲碁を打つＡｌｐｈａＧｏというコンピュータシステムを開発。人間と戦わせている。将棋よりも複雑でプログラムが人間に勝てるようになるまではかなりの時間がかかるといわれていた囲碁だが、ＡｌｐｈａＧｏはディープラーニングの手法を採用し、対局をすればするほど学習して腕を上げる。２０１５年10月には過去３回欧州王者に輝いたプロ棋士の樊麾を５勝０敗で圧倒。２０１６年３月には世界最強と言われる韓国のイ・セドル九段を４勝１敗の成績で下した。

将棋電王戦の実験を通じて川上は「人工知能が支配したときに人間に何が残るかといったら、多分、何も残らない。人間がしてきたあらゆることがシミュレーション可能になるというのが最終的な解」と考えるようになったという。ＡｌｐｈａＧｏの勝利はその予想が的中しつつあることを感じさせる事例だ。しかし、ペシミズムに浸る気配を川上は見せない。

「全てがシミュレーションされるに至る過程の遷移状態の時に、何か番狂わせを１回できたら面白い。たとえばニコ動を立ち上げた時には海外の動画共有サイトが一番やりそうにもないことをやらないと生き残れないと思った。彼らには収束しない集合知は想像もつかないだろう。役に立たないものを作るということ以外の何ものでもないですからね。そこで逆にニコ動は設計の一番根幹のところで役に立たないものをどうやって作るかを考えた。僕たちの武器はネットについてGoogleよりもアップルよりも肌感覚として詳しかったこと。そういう感覚のずれに起因するところで勝負できるんじゃないか」

たとえば「見習い」として弟子入りしたアナログ人間の鈴木敏夫プロデューサーにも分かるようにネットの世界を簡単に解説したという『鈴木さんにも分かるネットの未来』（岩波新書）の最終章で、川上は「ビジネスとネット原住民とデジタルネイティブの三つの要素からなる力学で考えないと、ネットの世界は正しく理解できない」と記している。ネット原住民は自分を排除した現実世界に対する恨みや、ネットについては自分のほうが詳しいという優越感など複雑な感情を抱いている。そうしたネット民の感覚を肌で理解し、彼らがコミュニケーションを楽しめるように設計したニコニコ動画は様々な派生サービスを生み出しつつ、大きく成長してきた。

しかしネット民よりもさらに若いデジタルネイティブの世代にとって、ネットは生まれた時からあるのが当たり前で、リアルな生活の一部に過ぎない。そうした新しい世代の台頭による変化を踏まえて、これからのネットの世界を考える必要がある。

「これまではリアルとネットは別の世界であると考えたほうが、ビジネスにとってもネット原住民にとっても都合がよかったのでしょう。しかし、ビジネスの面からも、単純なリアルの鏡像としてのネットのビジネスモデルという概念が使い古されてきて、よりリアルとネットを組み合わせた概念でないと、世の中を説得できない時代になってきました。

また、ネットユーザの主流も、ネット原住民からデジタルネイティブたちへと移行しつつあります。ネットとリアルの融合が叫ばれるようになるのは必然といえます。

ネットとリアルの融合とは、リアルの世界から見たバーチャルな人間の想像とネットの世界がひとつになる過程であり、人間が住む世界としてのリアルとネットがひとつになる過程でもある」(川上前掲書)

考えておくべきは放送と通信の融合よりも、リアルとネットの融合状況なのかもしれない。そうした状況の中でドワンゴはいかなる勝負を仕掛けようとしているのか。

# 第九章　ドワンゴが創出したコミュニティ

## ＡｌｐｈａＧｏの衝撃

「すごいなという感情と、悔しいという感情が半々ぐらいでしたね」

前章から引き続き、ニコニコ動画のドワンゴを取材している。今回、歌舞伎座タワー12階のドワンゴ本社応接室で話を聞いた相手は教育事業本部・事業企画部部長の保科昌孝。冒頭のセリフはＧｏｏｇｌｅ傘下で人工知能研究開発に携わるディープマインド社が作った「ＡｌｐｈａＧｏ」が、実力世界一と言われる棋士イ・セドルを破ったことへの感想だ。「悔しいというのは囲碁の人間対コンピュータの頂上決戦はニコニコでやりたかったからです」と言う。

保科は4年前にインターネット系広告代理店から転職。当初スポーツのニコ生番組を製作する予定だったが、入社約2週間後に突然「今日から囲碁将棋担当をして欲しい」

と言われた。

戸惑いがなかったとはいえない。小学校の時、羽生善治《はぶよしはる》が七冠に輝き、クラス内もちょっとした将棋ブームに沸いた。その時、ルールは覚えたつもりだったが、辞令が出た時、脳裏をかすめたのは「そういえば銀って後ろに下がれたかな」。だいぶ記憶が怪しくなっていることに気づいて一抹の不安を感じたが、業務に没頭し始めるとそれも霧散していた。

コンピュータと棋士が戦う「電王戦」は日本将棋連盟会長（当時）だった永世棋聖の米長邦雄が『中央公論』２０１１年１月号における梅田望夫との対談で述べた言葉に端を発する。その前に清水市代（当時女流王位・女流王将）とコンピュータソフトの対局があり、コンピュータの勝利に終わっていた。そこで米長は、次は自分が「引退棋士代表」としてコンピュータ将棋と対局すると表明したのだ。そして２０１２年１月14日に世界コンピュータ将棋選手権の優勝ソフトの「ボンクラーズ」と米長の対局が「プロ棋士対コンピュータ将棋電王戦」と銘打たれて実現。そこには日本将棋連盟、中央公論新社と共に米長の依頼を川上量生が承けてドワンゴも共催企業に名を連ねていた。

保科が囲碁将棋担当になったのはこの第１回電王戦が終わった直後のタイミングだっ

た。当初、電王戦は1戦ずつ5年間かけて行われる予定だったが、米長がコンピュータに敗れた第1戦の後、計画はいったん白紙に戻され、以後の電王戦をドワンゴ主催で仕切り直すことが保科の仕事となった。

第2回電王戦はプロ棋士5人が世界コンピュータ将棋選手権で1〜5位となった5つのコンピュータソフトと対局する運びとなった。米長と違って今度は「人間」側は全員が現役。負けることが許されない緊張感溢れる雰囲気の中で対局が進んだ。「電王戦って人間対コンピュータの戦いですから、もう大手を振って人間を応援できるじゃないですか。全人類かけて頑張れって。棋士たちも一体感があって普通の棋戦にはない盛り上がり方でしたね」と保科が回顧する。

対戦成績はコンピュータの3勝1敗1引き分け。またしても「人間」は敗れたのだった。特に第5局は三浦弘行が東大大学院総合文化研究科のｔｅａｍＧＰＳ開発の将棋プログラムと対決。東大駒場キャンパスの情報教育棟にある679台のコンピュータを繋いだクラスター構成で1秒間に2・7億手先まで読めるという怪物プログラムが、10人しかいない現役A級棋士を打ち破って話題となった。

以後、電王戦は着実にイベントとして育ってきた。ちなみに2016年はついに羽生善治の叡王戦トーナメント出場が決まった。優勝すれば２０１７年の電王戦に出場できる。コンピュータ対羽生の戦いが実現すればまさに電王戦史上最大の盛り上がりとなるだろう。

電王戦の面白さは狭義の将棋ファンを超えて衆目を集め、企業が続々と協力を名乗り出るようになる。「たとえばトヨタさんと一緒に組んだリアル車将棋というイベントでは、西武ドームを会場に縦54・2メートル、横33・5メートルの将棋盤を作って本物の自動車を並べ、コマに見立てて動かしながら将棋をしました。そういう大仕掛なイベントまで打てるようになったのは、ニコ動で将棋コンテンツを扱ってきた実績の結果だと思っています」。そんな経緯があるからこそ囲碁での人工知能と人類の戦いもドワンゴで仕切りたかったと保科は考える。「電王戦は解説コンテンツも充実させて人間模様を描きますし、補足するイベントも作り込み、生放送でもちゃんと演出をしています。それと比べるとＡｌｐｈａＧｏの対戦はあまりにもさらっと終わっちゃったので、ユーザーの方からも、改めて電王戦は良かったねって再評価していただきました」。

N高等学校の挑戦

もっともAlphaGo対人間の対戦の中継が、もしもニコ動に委ねられていたとしても、保科自身は関われなかっただろう。その時、保科は既に他のプロジェクトで忙殺されていたからだ。「15年の夏に川上（量生）に呼ばれて、いきなり教育に行って欲しいと言われました」。

出版中心のKADOKAWAとドワンゴが2014年に統合したカドカワは2015年7月9日、記者会見で教育事業への新規参入について報告している。廃校になった沖縄伊計島の小中学校の校舎をスクーリングにも用いる本校施設とし、ドワンゴのネット技術を使った通信教育を行う。10月には新しい高校がN高等学校という名称になると発表。〝N〟はネット、ニコニコ、仲間……いろいろな言葉の頭文字を兼ねており、特に何かを指すわけではないと説明された。

実は通信制高校の中にはインターネットを利用するケースは既にあり、そのための教材も用意されている。N高校もそれらを使用して高校卒業資格取得に必要な単位制の教育を行う。しかし、それだけに留まらない、ドワンゴならではの新機軸も取り入れた。ネットを使う既存の通信教育が、必ずしもネットの特徴である双方向性を十分に使いこなしているわけではない。そこでドワンゴでは双方向コミュニケーションを授業に取り入れるシステムを独自に開発。それがニコ動の延長上にあるように感じられるところがドワンゴらしい。先生の授業がリアルタイム配信され、その映像に生徒はコメントを書き込める。教員は画面に現れるコメントを見ながら必要に応じてリアクションをし、授業に反映させてゆく。これはまさにニコ生そのものだ。

こうした形式であれば授業に熱心に参加できる生徒は少なからずいるだろう。N高校の記者会見で、登壇した関係者の多くが不登校問題に触れていた。カドカワ社長として会見に臨んだ川上も「引きこもり、不登校が社会問題となっている。そういう子たちがどこに逃げ込んでいるかというとネット。まず100%、ニコニコ動画のユーザーだし、KADOKAWAのコンテンツで精神的に救われている人もたくさんいると思う。彼らは社会からの落ちこぼれに見えるかもしれないが、中にはネットの時代に優れた能力を持っている人もたくさんいるだろうし、潜在的な可能性が社会的には活用されていない。むしろ彼らの方が主役になる時代が来る可能性がある。その時代に対応できるような高校にしたい」と述べていた。

コミュニケーション障害が引きこもり、不登校の原因になると言われることは多いが、それは障害というよりもコミュニケーションへの不適合と呼ぶべきだろう。リアルに対面した状態で、型にはめるコミュニケーションに適応できない生徒が学校に行けなくなる場合は多い。しかし、彼らもニコ動でコメントを入れながら非対面のコミュニケーションを進めてゆくことはできる。だとしたら教育にニコ動のスタイルを取り入れるのは合理的な選択だと考えられる。

双方向性授業の実現ということでは画面に「挙手ボタン」を設ける工夫もした。教員は挙手ボタンを押した中から生徒一人を指名。指名された生徒は自分のノートをスマホのカメラで撮影して画面に映す。それを先生がその場で添削すれば従来の通信教育では難しかったリアルタイムの指導ができる。

こうしてネットを駆使するが、同時にリアルな体験の場も豊富な課外メニューとして用意されている。素晴らしい自然環境の中に位置する沖縄本校がスクーリングの主会場となることは先に触れたが、他にも10の地方自治体と協力して職業体験の場を提供。中にはマタギ（熊狩猟）や刀鍛冶体験といった他では滅多に体験できないものも含まれる。

保科の異動先となった教育事業本部は、異色づくしのメニューを謳って旗揚げ宣言されたN高校の開校準備のために約１００人が所属する、ドワンゴの中でも大部隊となった。

そして２０１６年の4月6日。伊計島の沖縄本校と六本木のニコファーレを通信回線で繋いだ入学式が開催された。沖縄本校で奥平博一校長が、東京会場では来賓のスタジオジブリ代表取締役プロデューサーで同校理事の鈴木敏夫や島尻安伊子ＩＴ政策担当相（当時）らが生徒たちにメッセージを送った。東京会場の壁一面には沖縄本校の校舎が映し出され、ネットで参加した生徒のコメントが流れる。会場で入学式に参加した生徒にはＶＲヘッドマウントディスプレイが提供され、３６０度のライブ映像で沖縄会場の入学式を疑似体験した。

「ドワンゴの総力とノウハウを結集した式が出来たと思っています」と保科が言う。「生放送は電王戦でやってきたことで、対局場を３６０度視野でニコファーレに映し、ＶＲで見るというのも既に経験していました。ドローンを使って沖縄の風景を映し出す演出もリアル車将棋のときに使った手法の応用でした」。

入学式の時点での入学確定生徒数は１４８２人（単位制なので入学は随時可能）。「万単位のユーザーを相手にしているドワンゴのネット事業の尺度では少ないですが、教育業界に身を置いていらっしゃる方は、初年度でこの人数はすごく多いと言ってくださいます」。

筆者もそれには同感だ。一生を決める教育に関する選択はどうしても保守的になる。確かな実績がないと進学先として積極的に選ばれない。実績の代表格は進学実績なので、卒業生を出していない新設校は苦戦して当然だが、N高が新設にもかかわらずここまでの新入生を集められたのは進学とは別の実績が評価されたということだろう。生徒募集も教育事業本部の重要な仕事であり、問い合わせに応じるなど実際に志願者とコミュニケーションを重ねてきた保科によれば「生徒自身が主体性を持ってN高を選んでくれているる感じですね。しようがないからここへ行きなさいと親に言われたのではなく、お母さん、ここへ行きたいってむしろ生徒の方から両親を説得して入って来る。ありがたいなと思います」。

## 自分の意志で学校を選ぶ

教育界では今、「アクティブ・ラーニング」なるものが幽霊のように至るところを徘徊している。生徒・学生が自分自身で問題を発見し、解決してゆく主体性、積極性を涵養しなければならない。それを掛け声に様々な教育改革が実施されているが、実際には殆どの場合、アクティブ・ラーニングとして用意されたメニューを生徒や学生たちに押し付けるパッシブ・ラーニングになってしまっている。

そんな中でN高の生徒が自分の意志で高校を選んでいることは興味深い。N高には選ばれる理由があるのだ。先に触れたように自分たちにもコミュニケーションへの参加が可能なニコ動のスタイルを採用した学校という特色がある。それ以外にも普通の高校ではありえない多彩な選択肢をN高は用意している。プロ級の実力をつけることが可能なプログラミングの課外授業はドワンゴらしい。KADOKAWAの人脈を生かした小説やライトノベルの実作指導も受けられる。その一方で通信制を生かすことで受験に特化した勉強ができる体制も取られている。

保科が担当している一つが東大合格を目指すN塾だ。担当講師は『ビリギャル』著者の坪田信貴。坪田が名古屋で開催している坪田塾とのコラボレーションのかたちを取る。「普通の高校では受験科目以外の勉強もしなければ卒業できない。その点、通信制であれば卒業に必要な単位は通信教育で取り、あとの時間を全て受験のために使える。そうしたメリットを生かして東大合格に向けて勉強します」。1期生はペーパーテストと面接で7人が合格した。全員が別の高校に在籍する現役高校生だが、ダブルスクールは認められないので、所属高校を退学しての編入となる。そこでは不退転の覚悟でＮ高が選ばれている。

もし自分が受験していた時にＮ高校があったら進学先に選びましたか――。保科にそう尋ねてみた。「間違いなく検討したと思いますよ。僕は群馬県出身ですが、この中学に行ったらここの高校に行くというレールが既に敷かれている感じでした。そうした既定路線以外が検討できる雰囲気ではなかったし、自分でも他の選択肢を選ぶという発想すら浮かばなかった。もしもＮ高があったら、こういう選択肢もあるのか、これを選んでもいいのかと驚き、きっと強く惹かれていたと思います」。

こうして初年度の募集に成果を出し、自分たちが過去に携わってきたイベント運営のノウハウを集大成させた入学式を無事に終えたタイミングで取材を受けていた保科だったが、しかし、休養が取れる日はまだ訪れない。「文化祭があるんですよ。その担当もしているので準備がたいへんです」。

Ｎ高校は「文化祭」としてドワンゴが年に一度4月末に開催する「ニコニコ超会議」へ参加する。入学式が終わってから準備を始めるのでは間に合わないので、入学が確定した生徒にはいち早くネットで連絡を取って意向を聞いて来た。「何がやりたいか？

と尋ねたら、飲食の模擬店という意見が多かった。ならどんな食べ物を売りたいですか？　と畳み掛けて尋ねてゆく。ものすごい頻度でメールのやりとりをして文化祭で着るTシャツのデザインを決め、模擬店でホットドッグを売ることを決めました」。

## リアル空間の「ニコニコ超会議」

後日、保科の奮闘の結果を見ようと超会議開催中の幕張メッセに出かけてみた。N高ホットドッグは大人気で既に売り切れていたが、Tシャツを着て熱心に会場で働くN高生の姿が見られた。普段はネットの向こう側にいて姿が見えない通信制高校の生徒たちが入学式、そして超会議ではリアルな姿を見せる。そこに筆者はドワンゴを率いる川上の「有言実行」の姿勢を改めて感じていた。

たとえばドワンゴには「ニコニコ宣言」なる文言が存在する。「(ニコ動の)サービスを作るスタッフやユーザーなど、ニコニコに関わってくれている人たちが、何を目指しているのかわからなくなったときに、思い返すためにでも見てもらえればいいなぁと思ってます」との思いで、2007年6月1日にネット上で発表された文章を原型とし、何度かの修正を経て現在は「ニコニコ宣言(9)」がネット公開されている。その第7

宣言には「ニコニコは仮想世界を現実世界へとつなげます」とあるが、N高校はまさにニコ動のドワンゴが教育を通じて現実社会に関わってゆく実践の例となっている。

そして、そもそも超会議自体がリアルとネットを繋ぐイベントとして開催されていた。超会議のルーツを辿ればイベントスタイルで行った新サービスの発表記者会見にまで遡れる。

2008年3月5日、ユーザー向け公式動画作成ツール「ニコニコムービーメーカー」の無償配布の開始などを報告する「ニコニコ動画（SP1）発表会」をドワンゴは秋葉原UDXを会場として開催した。佐藤大輔の手掛ける過剰にハイクオリティなオープニング映像をそのためだけに製作。せっかくなのでということで記者だけでなく、ニコ動のユーザーにも声を掛けて招待した。「うちがまだ無名の時代で、ユーザーを入れた記者発表をショーアップしてやればメディアに取り上げて貰えるんじゃないかと思った」。取材の席で川上はそう説明していた。「その段階で劇場型の会見について考えていました。僕らがモデルにしていたのはやはりアップルです。アップル製品を買う人の多くがアップルの信者みたいになっていて新製品発表会がアップル教のイベントになる。そこで自分たちのネットサービスにもアップルのような宗教性を帯びさせるために劇場型イベントを組み合わせようという話になり、アップルがカンファレンスと呼んでいたので〈大会議〉と訳してみた」。

この大会議は予想を超える盛り上がりで400人定員の会場に人が溢れた。そこで以後の大会議では事前に整理券を配ったが、それがヤフーオークションで値段をつけて転売される始末となる。2000人を収容する会場で開催したが、それでも1000人以上が入れなかったこともあった。「しようがないから有料化したんですよ。記者さんを集めて記事を書いてもらうことを目的としている会見を有料化するのは、何か間違えているような気もしていたんだけど、実際、だんだん何をしているか分からなくなって、会見がイベントみたいになっていった」。

ニコニコ超会議はこの「大会議」の延長線上にある。ドワンゴの記者発表に始まった大会議と異なり、超会議ではユーザーがそれぞれ参加し、表現する「学園祭」的な色彩が強まっているが、「自然な成り行きだった」と川上は言う。「ボードゲームやパソコン通信から来ているんです。ゲームやっていたら集まって大会するだろう、パソコン通信やっていたらオフ会はするだろう。集まって何かやれば面白いに決まってるじゃないですか。絶対盛り上がる。だからニコニコ動画でも自然にやろうということになった」。

ニコ動だったら相当大規模な大会が打てると考えて国内最大級の幕張メッセをブッキングした。しかし川上の「やろう」の一声こそあったが、実際に何をどのようにやるのかはなかなか決まらない。開催の2ヶ月前になっても予定は白紙で、前売りチケットも500枚しか売れない。

しかし開催1ヶ月前にニコファーレで発表会をしたあたりからようやく勢いがつき始める。スロースタートだったのは敢えて目玉企画を作らなかったことが関係している。ニコ動もサービスの規模が大きくなると徐々に細分化されてゆく。派閥争いのような動きも生じていた。そこで超会議では「ニコニコ動画のすべて（だいたい）を地上に再現する」をコンセプトとした。それはイベント企画の常識とかけ離れていたので出足が鈍かったが、本当にやると決まればやりたいことはどんどんネットの中から溢れてくる。「踊ってみた」や「歌ってみた」の超会議版があり、「ガチムチパンツレスリング」シリーズに登場する元ポルノ俳優のビリー・ヘリントンがスペシャルゲストとして来日。政治に力を入れ始めていたニコ生の延長上に枝野幸男経済産業大臣（当時）も登壇した。結果的に第1回超会議は来場者が9万人を超える巨大イベントとなり、ネットでの視聴者も347万7776人を数えた。

ドワンゴの他のイベントと同じく超会議もニコ生で中継される。そしてコメントが書き込まれた中継映像がまた会場に表示されるなど、リアルとネットは鏡に映し合うように何重にも折り重なる。ネット経由でニコ動を楽しんでいるユーザーは、ニコ動のコンテンツがいかにリアルに展開しているかを知り、会場を訪れたユーザーは自分たちが楽しんでいるコンテンツがいかにネット配信され、ネットユーザーにコメントされているかを知る。まさにリアルとネットの融合がそこに見られる。

## コンテンツを成長させるメディア

そして超会議はメディアとコンテンツの戦いの最前線にも位置づけられよう。以前にも触れたがメディアが「強い」場合、コンテンツはメディアへの客寄せとして扱われ、薄利での多売競争を強いられる――。

たとえばアップルのアプリ提供プラットフォームでiPhone用アプリを販売するとする。そこでは売れ行きランキング順に上位から表示される設計になっているので、販売元はなんとしても上位にアプリを出そうと値段を下げたり、提灯記事をメディアに書いてもらったり八方手を尽くす。こうして赤字覚悟のサービスで販売数を確保しても販売元の名前がユーザーの記憶に留まることは殆どなく、新アプリを出したらゼロから出血大サービスを繰り返さなければならない。コンテンツを提供する側は熾烈な競争を延々と強いられるが、アップルはアプリが充実し、iPhoneが売れれば我が世の春を謳歌できる。プラットフォーム事業者にとってコンテンツはスーパーで特売される生卵に等しい扱いとなるのだ。

ドワンゴはそうした構図に一石を投じた。ニコ動はコメント書き込みシステムを実装し、コミュニケーションの場を提供するプラットフォームだ。しかしドワンゴはアマゾンやアップルと違いコンテンツ製作に自ら臨む志向が強い。2007年からは公式生中継番組を製作し、電王戦のようなコンテンツを開発したり、ニコニコドキュメンタリーを配信したりしてきた。ニコニコ宣言の第4に「ニコニコはネットサービスをユーザと双方向につくりあげる作品として提供します」とあるようにニコ動の全体をひとつのコンテンツとみなしてもいる。

こうしたコンテンツの製作費を主にまかなっているのが会員収入だ。月額540円の負担で一般会員よりも高画質で動画が見られるプレミアム会員は、生中継のタイムシフト再生も利用できることで、公式生中継を始めると増加に拍車がかかり、2010年度第2四半期でドワンゴは黒字化を達成した。

この黒字化のタイミングで先の「ニコニコ宣言（9）」が出されていたことは注目されてよい。ドワンゴはユーザーを含めた共存共栄のコミュニティとしてニコ動を見ている。そこに他のプラットフォーム事業者との本質的な違いがある。たとえばプレミアム会員収入の一部を原資として、投稿作品に対して奨励金を支払うクリエイター奨励制度を作る。生放送のチャンネルを登録できるようにしたり、ブロマガ（ニコニコチャンネルで提供するブログとメルマガ機能を持つサービス）でクリエイターが自分のファンを増やしてゆけるようにもした。

こうした下支えが、たとえばボーカロイド作品の普及や質的向上に寄与したことは疑い得ない。超会議2016ではNTTの協賛を得てイベントホールで「超歌舞伎」が公演された。ボカロ曲「千本桜」と歌舞伎の「義経千本桜」を合体させた、これもバーチャルとリアルの融合の一例といえる独自演目。中村獅童とARの初音ミクが共演したステージはニコ動で生中継される。その画面映像がここでもまたステージ横モニターに投影され、コメントが流れる……。

そんな「超歌舞伎」を観ていて、これは仮に2020年に予定されている五輪の開会式に使われたとしても恥ずかしくない、オリジナルの日本発コンテンツに育つ素質を持っているのではないかと思った。ニコ動というプラットフォームはそこまでコンテンツを成長させるに至ったのだ。

## "二番煎じ"を振り切る哲学

もっとも規制によって保護された放送の世界と違って誰でも参入できるネットではすぐに追随者が現れる。似たようなプラットフォームが氾濫すればアクセスは分散し、結局は共倒れになりかねない。ニコニコ動画のコメントシステムもそれとよく似たサービスを提供するプラットフォームが現れている。

しかし、そこで二番煎じ以降のパクリサービスを振り切るのが川上の苛烈な経営哲学だろう。「真似されないようなことをやればいい。焼き畑というか焦土作戦というか、こちらがメチャメチャな金の使い方をしていれば、こんなところに入って競争したら大変なことになるとふつう思いますよね」。

ちなみに第1回超会議は9万人が入場してなお約4億7000万円の赤字だった。他の業者が参入したいとはおよそ考えない、とんでもないイベントだったのだ。しかし、理詰めで考え抜けばそこに成功に至る道があると分かる。超会議の存在感は増してドワンゴ最大の広告メディアとなる一方で、赤字幅は徐々に圧縮されている。考え抜かない人には見えない道をドワンゴは進んでゆく。

「N高もそうですが、別に初めに理念ありきではないんです。教育は最終的にやはり大きなビジネスになると判断したから参入しました。そして参入したからには投資を惜しまない。財源のないNPOで教育組織を幾つ立ち上げても長続きするはずがない」

川上によれば通信制高校には現状で不足している点が3つある。まず大学進学のための役割を果たせていないこと。通信制出身者で名のある大学に進学できるケースは確かに多くない。ふたつ目は高卒の資格を取るために進学したはずだが実際には就職の際のメリットにおいて中卒との差がさほどないこと。結果的に高校卒業後に当初希望していた就職先に採用されない。そして3つ目は高校に進んでも友達ができないこと。

「この3つを解決すれば画期的ですよ。それを真面目にやろうとしている高校ってひとつもないから。学校なんか作ったことないけれども、僕らだったらそれらを解決できる可能性がある。なぜかといえば僕らがネットのコミュニティから発祥した会社だから。今の教育者は何の専門家だか知らないけれども、ネットのコミュニティに関しては僕らのほうが専門家だろう。僕たちだったらネットを使ってコミュニティとしての学校が作れると思ったんです」

ここでも「ネットコミュニティ」の語が現れる。

「みんな通信制高校へ行ったとは恥ずかしくて言えないわけですよ。けれども僕らだったら、あそこに行っていると友達にもちゃんと言える高校を作れると思った。生徒のプライドをどうやって守るかは重要なテーマだと考えています」

確かにニコニコ超会議が文化祭を兼ねるような高校が他にあろうはずもない。どこにもない高校に所属していたという手応えは自信に繋がろう。

ちなみにカドカワは2016年5月27日、N高の教育システムを活用した拠点「Nセンター」を地方自治体と連携して設置すると発表した。鹿児島県長島町、群馬県南牧村、佐賀県武雄市の3市町村でこの夏から順次スタートしてゆく。人口減少で教育が困難になっている地方に教育の機会を与える。教育の機会平等への取り組みは個人単位でもなされている。N高校の授業料は1単位あたり5000円だが、国の就学支援金を申請することで、1単位あたり4812円が還付される。在学3年間の授業料は合計30万円弱で済み、どうしても高校を卒業したい生徒であれば、アルバイトをしながらでも十分に学べる金額となっている。こうして格差社会化が教育機会の不平等にも繫がっている現状を改善する確かな一手を打ってゆく。誰かがしなければならなかったにもかかわらず、誰も手掛けられなかったことにドワンゴは着手してゆく。

思えばニコニコ動画というネーミングからして他の人が真似したくないものだった。ふざけたネーミングゆえに周囲が色モノだろうと馬鹿にしている間にニコニコ動画は成長し、巨大なコンテンツとプラットフォームのコミュニティを作り出した。教育をもそのコンテンツのひとつに加え、ドワンゴのビジネスは次世代育成に向けた再生産のプロセスに入ったといえようか。

## カオスの中の新しい「詩」

本書では最初に「空と水と詩」をなくさせたのは何かという問いを置いた。それはコンテンツは、何によって滅ぼされようとしているのかという問いだった。そして唐木順三の『詩と死』を引いた。死を意識して立ち上がる詩について唐木はそこで論じていた。それについて語る時に筆者は角砂糖と紅茶の比喩を用いた。紅茶の中に入れられた角砂糖が溶けてゆくようにインターネットの時代に至りネットメディアの大海の中にコンテンツが溶け出している。パッケージメディアのコンテンツは細かく分断され、コピーを重ねながら伝播してゆく。そうしたコンテンツの死屍累々たる光景がネット上に拡がる。そこで、溶け出した角砂糖をもう一度、抽出して取り戻すことは出来ないものか、と。

そんな再生の可能性をここまで追ってきたわけだが、ニコニコ超会議はその取材行のひとつの到達点になるのだろう。

ニコニコ動画というプラットフォームがネットの大海からすくい上げたコンテンツの数々がリアルな実体として超会議に集まる。若者が集まる超弩級の祭典ということで政党や自衛隊、在日米軍も広報目的で参集する。コスプレイヤーが米兵とツーショットの記念撮影をし、重度のネット中毒の「自宅」警備員が自宅から出てきて自衛隊と遭遇する。ステージではユーザーが生で踊ってみたり、歌ってみたりする。喧騒の中で淡々とボードゲームに興じる人もいれば、現役棋士と将棋ができる対局コーナーも用意されている。2016年はNHKが『真田丸』の、テレ東が『おそ松さん』のコーナーを出し、マスメディアもすっかり巻き込まれている——。

夢が現実化し、ありとあらゆるものがあるかのような騒然としたこの光景こそニコ動がネットの海から抽出したコンテンツの姿なのだ。

唐木は『詩と死』で鎌倉時代の仏僧・一遍《いっぺん》を取り上げていた。時宗《じしゅう》の開祖とされる一遍は時衆と呼ばれる教徒を率いて遊行《ゆぎょう》し、踊り念仏で人々を極楽浄土に導いたと伝えられ、執着の全てを捨て、南無阿弥陀仏の念仏のみを唱えることに徹そうとしたので「捨聖《すてひじり》」とも呼ばれていた。そんな一遍が「悟りつつ生きる」境地を尋ねられ、「称《とな》ふれば仏も吾もなかりけり　南無阿弥陀仏　南無阿弥陀仏」と歌に詠んで返答したことに唐木は注目する。仏と吾の区別もなくすほど執着を捨てた「捨聖」一遍といえども三十一文字の日本語の音律だけは捨て得なかった。全てを捨てた後に残った言葉とリズムによって詩が蘇生する瞬間を、唐木はそこに目撃する。

超会議にもネットの時代になお残った信念や思念、情動や欲望が噴出している。一度溶けた角砂糖が再び元の白く整った行儀の良いかたちに戻るはずもない。超会議には過去に見たこともない雑多な混交があり、もの狂おしいほどのカオスが展開される。そんな光景を新しく蘇った詩＝コンテンツとして認められるか——。それがリアルとネットが新しく融合する時代に向けて開かれた扉をくぐりぬけられるかどうかの、ひとつの感性の分かれ道になるのだろう。

おわりに

一巡前の1964年東京五輪の頃の、新聞製作のコンピュータ化の話から書き始めた本書の後書きをリオデジャネイロ五輪を見ながら書いている。

注目していた選手がいた。「ブレード・ジャンパー」の異名を持つマルクス・レームだ。レームは14歳の時に練習中の事故で右膝下を切断。20歳で義足をつけて陸上に挑戦し、2012年ロンドン・パラリンピックでは陸上男子走り幅跳びを7メートル35の記録で金メダルを獲得している。その後、彼は驚異的なスピードで記録を更に伸ばし、障害者の世界選手権で8メートル40の世界記録をマーク。これは「パラ」ではないロンドン五輪金メダルのグレッグ・ラザフォードが跳んだ8メートル31を上回っていた。

こうした活躍に自信を得たレームは普通の五輪出場を希望した。しかし義肢装具が記録向上に有利に働いているのではないかと国際陸上連盟は考え、リオデジャネイロ五輪の参加条件として彼自身に公平性の証明を義務付けた。要するにレームの義肢が一種の「テクニカル(道具)・ドーピング」ではないかと疑われたのだ。

結局、レームはパラでない五輪出場を断念した。そして8メートル21の大会新記録でパラ五輪連覇を達成したが、健常者五輪の金メダル記録には17センチ届かなかった。なぜレームに注目したのか。そこには機械と人間の関係を考える糸口がある。同じ問題の地平に人工知能対人間の争いも位置していると思った。

Google傘下のディープマインド社が開発した人工知能プログラム「AlphaGo」が世界最強の棋士を破ったことは本文の中でも書いた。複雑さを極める囲碁でも人工知能が勝ったということは人間が考え出したゲームが人工知能にほぼ制覇されたといってよい。こうした機械（人工知能）と人間の力関係こそが、本書で扱ったメディアとコンテンツの戦いの第3ステージともなるのではないか。

第1ステージは日経新聞の製作工程の電子化と回線を通じたコンテンツの配信に代表される。製作は効率化され、コンテンツへのアクセサビリティは向上した。それはコンテンツを作る側の意志が実現される方向での変化であり、その変化の途上においてコンテンツ企業同士の戦いが繰り広げられた。

そして本書ではその後の第2ステージを主に描いた。そこではメディアのネットワークがコンテンツの質を変え始める。第1ステージと異なりコンテンツの製作者の意図は裏切られるようになる。パッケージとして提供されていたコンテンツが分断され、著作者の意思を超えてコピーされて配信される。メディアのプラットフォームが製作者の意図を超えてコンテンツの対価を決めるようになる。かくしてこの第2ステージではメディア企業とコンテンツ製作者の戦争という様相を呈する。

第3ステージはより酷薄だ。囲碁で人間を破った人工知能技術をメディアは実装してくるだろう。膨大なデータベースをディープラーニングし、メディア側がなんらかのコンテンツを自動的に提示してくる。過去の購買履歴からおすすめ商品を提示するようなことは既になされていたが、参照されるものは購買履歴に留まらず、検索履歴や、ソーシャルメディアの書き込みや人間関係など、多岐に及ぶようになる。既存のコンテンツをお勧めするだけでなくなる可能性もあろう。人工知能に小説を書かせて文学賞に応募するような試みは既に始まっている。勝敗が見えやすいので将棋や囲碁が人工知能と人間の戦いの舞台になってきたが、応用は文化のあらゆる領域で利くはずだ。

しかし勝負がついたわけではないのだと思う。AlphaGoが囲碁で人間を破る20年前にチェスでは勝負がついていた。当時のチェスの世界チャンピオンだったガルリ・カスパロフがIBMの人工知能プログラム「ディープブルー」に敗れたのだ。勝負がついてしまったということで人々はチェスにおける人工知能対人間の対戦に興味を失ってしまったが、その後のことを『Ｗｉｒｅｄ』の初代編集長だったケヴィン・ケリーが『〈インターネット〉の次に来るもの』の中で書いている。カスパロフは、自分がディープブルーと同じように過去の膨大な対戦記録を記憶した巨大なデータベースをその場で利用できていたら、もっと有利に戦えていただろうと気づいた。データベースを人工知能に使うのを許すのであれば、人間が使ってもいいではないか。カスパロフはこのアイディアを実現すべく、「ケンタウロス」スタイルを提案する。つまり過去のデータベースを網羅分析し、最適と判断される手を示す人工知能の助言を受けつつ人間がチェスをプレイし、人工知能と対戦する、というのだ。

２０１４年に開催された対戦では人工知能が41勝だったのに対してケンタウロスは53勝した。最強だったのは数名の人間と人工知能プログラムが組んだ「インタグランド」というチームだったという。

ケンタウロスとマルクス・レームは似ている。機械の力を借りた強化人間だ。どこかＳＦのサイボーグのようなイメージがあるが、人間は有史以来道具を使ってきたのであり、その道具が身障者がスポーツをする際に装着する特殊な義足や人工知能に変わっただけだ。ケンタウロスは人工知能に勝利し、レームは健常者に勝利しつつある。それは単純に加算の結果なのかもしれない。機械＋人間は素の人間や機械よりも強くなる可能性がある。これは、しかし、福音ではないか。

ここまでで書いてきたことを別の表現で図式化しつつ説明したい。

丹羽一彦『現象としての「現在」』（大和書房）という本がある。丹羽は岐阜県庁勤務の役人であり、専門家ではないということであまり話題にならなかったようだが、そこには刮目すべき内容がある。「本来、メディアとは自らと対象の狭間に位置し、その両者の関与の仕方において、従来にない価値——同時に矛盾——をうみ出すものとして機能、あるいは認識されてきた。即ち、メディアとは、その両端に位置する各項を価値付ける源泉、としての性格をもつものであった」。ところが今やメディアの位置づけが変わった。「このようなメディア自体が、媒体としての位置から、その両端における各項へと場所を移し、その場所において自らを価値として照らし始めたのである」と丹羽は書いている。図式化すれば「個人—メディア—個人」だったところが、今や個人はメディアに包囲され「メディア—個人—メディア」へ変わった。同書が上梓されたのは19

88年、丹羽は中野収の「メディア人間」の議論を踏まえつつ、高度情報化社会について議論している。

この議論は同書が刊行された1988年よりも2010年代後半の状況により肉迫しているのではないか。「個人―メディア―個人」の図式はマスメディアの黄金時代にふさわしい。マスメディアはただ伝えるのではなく、選んで伝えた。マスメディアを媒介に作品を読者に届ける書き手はマスメディアによって選ばれることで価値づけされていた。選ばれ、価値づけされた作品を読者は読んでいた。それが丹羽の書く「メディアとは、その両端に位置する各項を価値付ける源泉、としての性格をもつ」ことだった。そこではメディアを経営する側も選ぶ作業において情報の送り手であり、彼らが主体的に作った選ぶメカニズムを実装したマスメディアはひとつの作品＝コンテンツでもありえた。そうした事情を図解すれば①のようになる。

①個人（送り手）―コンテンツ／メディア―個人（受け手）

しかしインターネットの時代になると新聞社のホームページにアップロードされた社

説であれ、個人ブログ上の主張であれ、ツイッターのつぶやきであれ、権利上同格となる。その情報を受けた人はそれをリツイートしたり、シェアして再配信して行く。特権的な送り手、受け手はもはや存在しない。こうしてメディアの網の目に人々が包囲されるようになると「メディア自体が、媒体としての位置から、その両端における各項へと場所を移し、その場所において自らを価値として照らし始め」る。メディアは情報を価値付けする環境として社会の前提に位置するようになる。

たとえばメディア側は通信量を多くすることに価値を見る。メディアが多く使われ、使用料収入を増やすことを求める。多くがアクセスするうえでまず用意されたのが様々なランキング機能だ。アクセスランキング上位のニュース記事をウェブページの上位に載せる。そうすればアクセスが多い記事が更にアクセスを稼いでくれる。アクセスが多くなると多くの広告収入が得られるとすれば、上位に掲載されるように記事内容がチューニングされるようになる。値段の安い順に上位に掲載されるとあれば値下げ競争が繰り広げられる。こうしてメディアがコンテンツを値付けするようになる。

そうした構図の中にコンテンツの作り手も巻き込まれてしまう。たとえば2016年末に発覚したDeNAのキュレーションメディアの剽窃問題もその一例といえるのかもしれない。他のサイトの記事を集め、改竄し、お手軽にキュレーションメディアを作り上げる。そんな粗製乱造なコンテンツであっても検索で上位に表示されるように対策し、アクセス数を稼いで広告収入を得る。そうしたメディア・ビジネスの中に動員され、働かされるライターが数多くいたし、剽窃元となったオリジナルのコンテンツをパクられたクリエイターがたくさんいた。この事件はキュレーションメディア運営者のモラル欠如の問題として論じられることが多かったが、実はコンテンツをまるごと飲み込んで、個々のクリエイターの尊厳を蔑ろにするメディア戦争の一幕でもあったのだ。

こうした状況を示すとすると、丹羽の図式「メディア―個人―メディア」は②のように書き換えられる。

②メディア―[個人（送り手）―$\frac{\text{コンテンツ}}{\text{メディア}}$―個人（受け手）]―メディア

こうした図式に取り込まれないでコンテンツ側がメディアと戦おうとするのが戦争の第2ステージだ。本書はその戦いを主に描いた。

しかし、やがてメディアがコンテンツ自体を作り出す。メディアの要請によってコンテンツが改変されることは既に起きていたが、送り手の自発性を誘発させてそれを行う段階から、より自動的にコンテンツが作られるようになる。こうなると②の図式の中の送り手、受け手の排除・疎外が始まる。その究極が人工知能によるコンテンツ生成だろう。

それを図式化したのが③だ。

③メディア―$\frac{\text{コンテンツ}}{\text{メディア}}$―メディア

囲碁の試合は棋士たちが作り出すひとつの作品であり、コンテンツだが、人工知能がそれを作り出し、人間と戦って勝利した。今後、様々な局面でコンテンツの作り手として人間vs.機械＝メディアの戦いが繰り広げられるのが、第3ステージの戦争となろう。

そこで希望を感じさせるのが「ケンタウロス」スタイルではないか。人間が単独では作れないコンテンツをメディアが生み出すようになるのなら、そんなメディアを人間が道具として使えばいい。それは人間不在の③の図式を昔ながらの①の内部に代入することを意味する。

④個人（送り手）—［メディア—$\frac{コンテンツ}{メディア}$—メディア］—個人（受け手）

情報工学のツールをジャーナリズムの領域で駆使したパナマ文書報道や、ＡｌｐｈａＧｏと囲碁棋士の戦いを生中継したかったというニコ動の保科の発想などは、人工知能の時代になお人間がコンテンツを作ろうとする戦い方の萌芽を感じる。

マトリョーシカではないが、メディアが包囲したコンテンツを再び人間が包囲し直す「入れ子」構造の実現。こうした方向にメディア社会は進むのだろうか。カスパロフが考えたケンタウロスと人工知能メディアの戦いが全面化してゆく第三次メディアコンテンツ大戦の兆しを描くところまでを本書では追った。数年後、本格的な戦場ルポが書ける日が来ることを楽しみにしつつ、今は筆を擱きたい。

＊

本書は『新潮45』２０１５年２月号から16年７月号までほぼ隔月に連載された「メディアの命運」に加筆修正を施した。連載中は同誌編集部の風元正さんに担当していただいた。前作『暴力的風景論』の元になった「戦後史の風景」の連載では取材という方法が「あらかじめ知っていたことを、あらためて話してもらい、あたかも初耳のように書く」作業になり、予定調和に陥りやすいことの反省から「人の話は聞かない」「虚心坦懐に風景を見て、言葉になっていない声を風景の中から聞き取る」ことをテーマにしていたが、今回は多くのキーパーソンたちの話を聞いた。ノンフィクションレポーティングの定番的な調査方法に戻ったわけだが、話が膠着状態に至ると絶妙なタイミングで新たな話題を投入する風元氏の介入で、予定調和が崩れ、流れが変わって取材自体が発見のプロセスにもなる経験を何度もした。

文章の流れの中で順番が前後してしまったが、そうした取材に協力し、新しい知見に導いてくださった方々には最大級の感謝をしたい。取材の成果である本書が筆者だけでなく、みなさんにとっても新しい発見の機会になっていればと願う。なお肩書は取材当時のまま、敬称は本文中では略させていただいた。

単行本にまとめるにあたっては、こちらも前作に続いて金寿煥さんのお世話になった。前作は選書、今回は新書と、いつもコンテンツにふさわしいメディア形式を選んだうえで、連載原稿を書籍化し、新しい命をそこに吹き込むうえで必要な加筆修正方針を的確に指示してくださったことに感謝している。
最後に本書のタイトルについては、打ち合わせの席で軽く口にしたら、あれよあれよと言う間に決まってしまった。筆者の過去の書籍とは多少毛色の違う印象があるかもしれないが、今のメディアとコンテンツの状況を端的に象徴する疑問だとは思う。筆者としては、コンテンツ逆風の時代に本書が少し長く生き延びる作品となり、題名に反して1円で叩き売りされる日がなるべく先送りされてほしいと願うばかりだ。

武田徹

武田 徹　1958(昭和33)年東京生まれ。ジャーナリスト・評論家。恵泉女学園大学等で教える。著書に『戦争報道』『ＮＨＫ問題』『原発報道とメディア』『暴力的風景論』『日本語とジャーナリズム』等。

Ⓢ新潮新書

700

なぜアマゾンは１円《えん》で本《ほん》が売《う》れるのか

ネット時代《じだい》のメディア戦争《せんそう》

著　者　武田《たけだ》　徹《とおる》

2017年１月20日　発行

発行者　佐　藤　隆　信

発行所　株式会社新潮社

〒162-8711　東京都新宿区矢来町71番地

編集部(03)3266-5430　読者係(03)3266-5111

http://www.shinchosha.co.jp

印刷所　大日本印刷株式会社

製本所　株式会社大進堂



ISBN978-4-10-610700-9　C0236